Schlank werden:

»so geht's«

KH

Kohlenhydrathaltige Lebensmittel

Hier denkt man direkt automatisch ans Schlemmen! Schon beim Gedanken an die meisten Lebensmittel aus dieser Kategorie läuft einem das Wasser im Mund zusammen. Kartoffeln, Reis, Nudeln, Couscous, Amaranth, Hirse, Müsli, Mehl, Knäckebrot, Brot, Brötchen und alle Getreideprodukte, frische Datteln, frische Feigen, mürbe Äpfel, Bananen, Trockenobst wie z. B. Aprikosen, Pflaumen, Datteln, Feigen, Bananenchips ohne Zucker, Honig, Ahornsirup, Agavendicksaft, Obstdicksaft, Bier, Malzbier.

TRENN KOST

Eiweißhaltige Lebensmittel

Bei dieser Gruppe geraten vor allem Fans von tierischen Produkten ins Schwärmen. Aber auch Obstliebhaber. Gegartes Fleisch, gegarter Fisch und Meeresfrüchte, Eier, Milch, Käse aus pasteurisierter Milch, Käse bis 60 % Fett i.Tr., Obst mit Fruchtsäure, z. B. Ananas, saftige Äpfel, Birnen, Erdbeeren, Himbeeren, Kiwis, Mango, Orangen, Pfirsiche, Zwetschgen, gekochte Tomaten, frisch gepresste Obstsäfte, Wein und Sekt.

N

Neutrale Lebensmittel

Grünzeug, Nüsse, Sprossen und Co. – soweit das Auge reicht. Gemüse, Salate, Melonen, Heidelbeeren, rohe Tomaten, gesäuerte Milchprodukte, Frischkäse, Rohmilchkäse, Sahne, Eigelb, Soja, Rosinen, Nüsse (außer Erdnüsse), Kokosflocken, Samen, Keimlinge, Kräuter, Pilze, Obstessig, rohes Fleisch, roher Fisch, Räucherfisch, Öle, Fette, Klarer Schnaps.

Ursula Summ

ist Bestseller-Autorin und bekannt durch ihre zahlreichen Trennkost-Bücher. Schwer übergewichtig und krank, entdeckte sie nach vielen vergeblichen Diätversuchen 1978 die Hay'sche Trennkost für sich selbst. Zum ersten Mal fand sie wirklich Hilfe und begann, diese Ernährung weiterzuentwickeln und ihre Erfahrungen anderen Menschen mitzugeben.

Sie erreichen die Autorin unter
www.trennkost.de oder
www.abnehm-portal.com.

TRENN KOST

Ursula Summ

Trennkost. Das 4-Wochen-Abnehm-Programm

TRIAS

Power-Abspecken mit Trennkost

Special

Schlanke Rezepte

Service

Liebe Leserinnen und Leser!

Entdecken Sie »Neues Kochen« mit Trennkost – für sich und Ihre Familie

Sie haben sich zum Ziel gesetzt, jetzt (endlich) abzunehmen! In Ihnen ist der Kampfgeist gegen die lästigen Pfunde erwacht. Sie sind hoch motiviert und wollen Freunden, Kollegen und letztendlich sich selbst zeigen, dass Sie es schaffen. Na dann: Let's go! Für die nächsten vier Wochen bedeutet das zwar, sich von Ihren figurfeindlichen Freunden Schoki, Fertig-Pizza und Co. zu verabschieden. Dafür tun Sie jetzt aber endlich mal etwas für sich selbst. Und so eine kleine Pause hat noch keiner Beziehung geschadet. Freuen Sie sich über Ihren Entschluss!

Doch wie nimmt man schnell und effizient ab, ohne dabei seiner Gesundheit zu schaden und gänzlich auf Genuss zu verzichten? Eine Frage, die Millionen Menschen bewegt. Eine häufige und gleichzeitig fatale Antwort lautet: »FDH – Friss die Hälfte!«. Auch die Empfehlung, sämtliche Kohlenhydrate vom Speiseplan zu verbannen, macht derzeit erfolgreich die Runde. Dabei weiß man doch inzwischen sehr genau, dass solche Hungerkuren und einseitigen Ernährungsformen nicht nur nutzlos, sondern auf Dauer auch gefährlich sind.

Dabei gibt es eine einfache Lösung! Um Körperfett in kurzer Zeit effektiv abzubauen, brauchen Sie ein wirkungsvolles Schlank-Programm, das keinesfalls aus Hungern und Einschränkungen besteht, sondern im Gegenteil aus richtigem leckerem Essen. Wenn Sie dieses Buch gelesen haben, werden Sie das Abnehmen mit völlig anderen Augen sehen. Erfahren Sie, wie Sie Ihren Fettstoffwechsel auf Gewichtsabnahme programmieren, wie Ihr Heißhunger ganz schnell verschwindet und auch, dass gesundes Abnehmen und gutes Essen kein Widerspruch ist. Die schmackhaften Kochvorschläge im Rezeptteil werden Sie zusätzlich überzeugen.

Herzlichst, Ihre Ursula Summ

Frühstück

Chia-Joghurt mit Himbeeren

E

Für 2 Portionen ► gelingt leicht
15 Min.

2 geh. EL Chiasamen › 120 g Himbeeren, frisch oder tiefgekühlt › 1 EL Stevia GrooVia (oder 3 EL Obstdicksaft) › 250 g Joghurt

➤ Chiasamen mit Wasser bedecken, etwa 10 Min. quellen lassen, dabei immer wieder umrühren, damit sich keine Klümpchen bilden. ➤ Frische Himbeeren verlesen, tiefgefrorene auftauen lassen und nach Belieben mit ½ TL Stevia GrooVia oder 1 EL Obstdicksaft süßen. ➤ Joghurt mit Chiasamen verrühren, restliches Stevia GrooVia bzw. Obstdicksaft unterrühren, dann in Dessertgläser füllen. Die Himbeeren darauf verteilen. Gekühlt servieren.

Mein perfekter Abnehmtag

Mittagessen

Grüne Bohnen mit Hackfleischsauce

E

Für 2 Portionen ► geht schnell
35 Min.

500 g grüne Bohnen › 1 große Zwiebel › 1–2 Knoblauchzehen › 1 EL Olivenöl › 300 g Rinderhackfleisch › 400 g stückige Tomaten (Dose) › 4 EL Tomatenmark › 125 ml Gemüsebrühe › je 1 EL Rosmarin, Thymian, Paprikapulver › 1–2 TL Sambal Oelek oder 1 TL fein gehacktes Chili › Kräutersalz

Bohnen waschen und in etwa 3 cm lange Stücke schneiden. Zwiebel und Knoblauch in feine Spalten schneiden. Öl in einer Pfanne mit hohem Rand erhitzen. Zwiebel und Knoblauch darin anbraten, Hackfleisch zugeben und unter Rühren krümelig anbraten. Tomatenstücke, Tomatenmark und Bohnen zugeben, Gemüsebrühe zugießen und zugedeckt bei mittlerer Hitze 18–20 Min. köcheln lassen. Gewürze und Sambal Oelek bzw. Chili unterrühren und weitere 3 Min. leicht köcheln lassen. Mit Salz abschmecken und heiß servieren.

Abendessen

Kartoffel-Pilz-Sauerkraut-Gratin

KH

Für 2 Portionen ► gelingt leicht
35 Min. + 18 Min. Backzeit

400 g Kartoffeln › Meersalz › 2 EL Sahne › Muskatnuss › 250 g Champignons › 1 große Gemüsezwiebel › 1 EL Öl › 400 g Sauerkraut › 125 g Ricotta (alternativ saure Sahne) › 75 g grob geriebener Parmesan

Kartoffeln schälen und vierteln, in einem Topf knapp mit Wasser bedecken, mit Salz würzen und 20–25 Min. gar kochen. Dann im eigenen Kochwasser fein zerstampfen. Mit Sahne und Muskatnuss verfeinern. Pilze putzen und feinblättrig aufschneiden. Zwiebel abziehen und fein hacken. Öl in einer Pfanne erhitzen, Pilze und Zwiebel darin hellbraun braten, mit Salz fein würzen. Backofen auf 200 °C vorheizen. Kartoffelpüree in eine Auflaufform geben, Sauerkraut darauf verteilen, dann die Pilz-Zwiebel-Mischung darüber geben. Ricotta bzw. saure Sahne auf die Pilz-Zwiebel-Mischung streichen und alles mit Parmesan bestreuen. 15–18 Min. überbacken.

Power-
Abspecken
mit Trennkost
TRENN
KOST

Wie das Abnehmen gelingt

In kurzer Zeit Gewicht verlieren ganz ohne lästiges Kalorienzählen, ohne Heißhungerattacken, dafür mit viel Genuss beim Essen? Es funktioniert – mit Trennkost!

Denken Sie einmal darüber nach, in welcher Situation sich viele Übergewichtige befinden. Obwohl sie jede Menge Fett im Körper gespeichert haben, stehen ihnen diese Energiespeicher trotz geringerer Kalorienzufuhr nicht als Brennstoff zur Verfügung.

Wie Sie sicher wissen, basierten bisher alle Abnehmtheorien immer auf einer simplen Formel: Wer laufend mehr Kalorien zu sich nimmt, als er verbraucht, nimmt zwangsläufig zu. Wer mehr verbrennt, als er zuführt, nimmt ab. Egal, wie die persönlichen Lebensumstände sind, es läuft immer auf das Gleiche hinaus: Wer dick ist, bewegt sich einfach zu wenig oder isst zu viel.

Dies hört sich zunächst alles logisch an, doch muss ein Fehler im System stecken. Denn seit Jahrzehnten zählen viele Abnehmwillige eifrig Kalorien und besuchen Kurse im Fitnessstudio, doch allem Diätgeflüster zum Trotz steigt die Zahl der Übergewichtigen weltweit weiter an. Es ist ein Teufelskreis. Die Fettspeicher sind und bleiben verschlossen, durch das »weniger essen« werden nagende Hungergefühle ausgelöst und jede weitere Diät macht die Sache nur noch schlimmer.

Wenn auch Sie sich in diesem Hamsterrad befinden und immer noch daran glauben, mit Nahrungs- bzw. Kalorienreduktion erfolgreich abzunehmen, dann laufen Sie mit dieser Taktik geradewegs in eine Sackgasse hinein. Ihr pfiffiger Körper mit all seinen eindrucksvollen Funktionen benötigt eine gewisse Menge Energie durch Nahrung. Erhält er davon zu wenig, dann rebelliert er zu Recht gegen dieses Verhalten. Wenn Sie Ihrem Körper immer weniger geben, als er braucht, dann dürfen Sie sich nicht wundern, wenn Sie von Heißhunger und Jojo-Effekt überfallen werden.

Überwinden Sie also Ihr eingefleischtes Kaloriendenken. Auf den folgenden Seiten erfahren Sie, worin die Hauptursache für Übergewicht wirklich besteht und vor allem, was Sie dagegen tun können. So viel vorweg: Der Schlüssel, um Fettspeicher zu öffnen, liegt in einem gut funktionierenden Stoffwechsel sowie einem ausgeglichenen Blutzucker- und Insulinspiegel.

* * *

Der Körper – ein wahres Wunderwerk

Um zu verstehen, wie genau Abnehmen mit Trennkost funktioniert, müssen Sie wissen, dass unser Körper mit seinem diffizilen Verdauungs- und Verteilungssystem vergleichbar ist mit einer kleinen biochemischen Fabrik. Diese Fabrik benötigt Nahrung, um sie anschließend in Energie umwandeln zu können, die wir zum Leben brauchen.

Doch bevor aus unserem Essen Energie wird, müssen die einzelnen Nahrungsbestandteile in Magen und Darm in kleinere Bausteine zerlegt und diese über das Blut in die Leber und zu jeglichen Körperzellen transportiert werden. Im einfachen Sinne ausgedrückt, machen die meisten Zellen nichts anderes, als ankommende Stoffe aufzunehmen, Nützliches umzuwandeln und zu verwerten und Nicht-Verwertbares wieder auszuscheiden. Auf diese Art findet ein Austausch der Stoffe statt – der sogenannte Stoffwechsel.

Nur in einem reibungslos funktionierenden Stoffwechsel entstehen Energien, die wir für unsere Körperbewegungen benötigen, aber auch für solche Vorgänge, die ständig und wie von selbst in uns ablaufen, wie z.B. Herzschlag, Atmung, Denkvermögen, Wachstum, Aufrechterhaltung der Körpertemperatur, Verdauung und für die Funktion der Sinnesorgane.

Bei einem gestörten Stoffwechsel sieht die Sache etwas anders aus. Die Haut der Zelle (Zellmembran) kann sich durch falsche Ernährung, zu wenig Bewegung, schadhafte Um-

> Oftmals sind es die kleinen Veränderungen zu Beginn, die am Ende Großes bewirken. So auch die Umstellung auf Trennkost, die durch die **Umgestaltung des Speiseplans** ganz neue Dimensionen eröffnet, nämlich durch richtiges Essen eine fettabbauende Wirkung zu erzielen.

welteinflüsse und Stress verdichten und verhärten. Verhärtete Zellen sind schlecht durchblutet, verfügen dadurch nicht mehr über genügend Sauerstoff und lassen dementsprechend nur noch wenig Stoffe rein und raus. Der Mensch leidet dann unter Stoffwechselstörungen, die sich auf unterschiedliche Art äußern können. Gerade Übergewicht hat sehr häufig etwas mit einem gestörten Stoffwechsel zu tun.

* * *

Mit Trennkost den Stoffwechsel ankurbeln

Ein gestörter, träger Stoffwechsel kann die Lebensqualität stark beeinträchtigen. Doch wenn Sie sich an die nachfolgenden Tipps und Tricks halten, können Sie sehr schnell ein schlankeres und vitaleres Leben führen, denn ein schnell arbeitender Stoffwechsel bedeutet leichteres Abnehmen.

Das Phänomen der Gewichtsabnahme mit Trennkost ist ganz einfach zu erklären. Die Mahlzeiten sind so geschickt und harmonisch aufeinander abgestimmt, dass der Fettstoffwechsel angeregt wird und gar nicht anders kann, als die Fettverbrennung so richtig in Fahrt zu bringen.

Bei der Trennkost werden Lebensmittel bzw. Mahlzeiten in drei Gruppen eingeteilt: neutrale, eiweißhaltige und kohlenhydrathaltige. Dabei werden Kohlenhydrate und Eiweiße nie innerhalb einer Mahlzeit miteinander kombiniert, sondern immer getrennt, daher der Name.

Die Lebensmittel aus der neutralen Gruppe (auch Kombis genannt) sind dazu da, dass Ihre Mahlzeiten abwechslungsreich sind und nicht in Eintönigkeit enden. Diese Lebensmittel können Sie sowohl mit eiweißreicher als auch mit kohlenhydratreicher Nahrung zusammen verzehren. Dadurch wird die Trennkost erst so richtig interessant. Neutral bedeutet aber nicht, dass diese Lebensmittel kalorienarm sind, sondern nur, dass sie weder den Verdauungsprozess der Eiweiße noch den der Kohlenhydrate behindern. Sie harmonieren mit allen Speisen. Doch Vorsicht: Einige dieser Nahrungsmittel sind sehr gehaltvoll. Daher ist die neutrale Gruppe wiederum in zwei Teile gegliedert: Lebensmittel aus Teil 1 sollten Sie bitte nur sparsam verwenden, bei Teil 2 können und sollten Sie nach Herzenslust unbegrenzt zugreifen.

> Die Trennkost hilft dem Körper, sich von angesammelten Giftstoffen und überflüssigen Pfunden zu **befreien**, stärkt das Abwehrsystem und damit unsere gesamte Gesundheit.

Anhand des Kombiplans (Seite 36) erkennen Sie auf einen Blick, welche Nahrungsmittel zur neutralen Gruppe (im Folgenden immer grün markiert), welche zu den Eiweißen (blau markiert) und welche zu den Kohlenhydraten (orange markiert) gehören.

Die magische Kombination. Drei wichtige Dinge stehen beim Trennkost-Abnehm-Prinzip im Vordergrund:

1. Durch die harmonische Kombination der Nahrung wird eine kürzere Verdauungsphase herbeigeführt.
2. Blutzucker- und Insulinspiegel werden nicht unnötig in die Höhe getrieben, sondern bleiben stets ausgeglichen.
3. Der Mineralstoff Kalium, eine Schlüsselsubstanz beim Abnehmen, wird in idealer Menge zugeführt.

Obst und Gemüse sind bunt und gesund. Hier dürfen Sie nach Herzenslust zugreifen. Verschiedene Farben sorgen für Abwechslung.

Diese Dreierkombination, die auf den folgenden Seiten genauer beschrieben wird, ist einfach genial und birgt das Geheimnis des Abnehmens.

* * *

Eine gute Verdauung ist das A und O

Eine gute Verdauung besteht darin, dass das Essen Ihnen nicht zu lange und zu schwer im Magen liegt, der Vorgang also schnell abgeschlossen ist und dadurch ein aufgeblähter Leib verhindert wird. Die kürzere Verdauungsphase bei der Trennkost wird durch die getrennte Essweise erreicht, indem Nahrungsmittel nicht wahllos miteinander gemischt, sondern je nach Zusammengehörigkeit harmonisch kombiniert werden. Konkret bedeutet dies: Sie essen zum Fleisch oder Fisch keine Kartoffeln, Nudeln, Brot oder Reis.

Die Begründung liegt darin, dass alle Nahrungsmittel auf unterschiedliche Art verdaut werden. Ein Stück Fleisch (eiweißhaltig) zum Beispiel benötigt zur Vorverdauung saure Verdauungssäfte, Kartoffeln (kohlenhydrathaltig) hingegen basische.

Bereits im Mund beginnt die Vorverdauung der Kohlenhydrate. Durch die Einwirkung der Amylase, eines basischen Enzyms des Speichels, wird die Stärke in winzige Teilchen zerlegt. (Kauen Sie zum Beispiel über eine längere Zeit ein Stück Brot, so spüren Sie deutlich einen zunehmend süßen Geschmack. Beim Kauen wird die neutral schmeckende Stärke des Brotes in kleine Teile zerlegt, die dabei entstehenden Dextrine schmecken süß.) Um eiweißreiche Lebensmittel vorzuverdauen, benötigt der Körper unbedingt das saure Milieu des Magens. Hier wird das Verdauungsenzym Pepsin aktiv. Dieses zerlegt, in Verbindung mit Salzsäure, die Eiweiße in kleinere Bausteine, die sogenannten Peptide. Im Magen selbst werden keine Enzyme für die Kohlenhydratverdauung hergestellt. Doch die Wirkung der Amylase bleibt so lange erhalten, bis der Mageninhalt mit Salzsäure vermischt wird.

Isst man nun, im Rahmen normaler Mischkost, reichlich eiweiß- und kohlenhydrathaltige Speisen zusammen, werden die alkalischen Vorbedingungen des Speichels beseitigt und die Verdauungsvorgänge der Kohlenhydrate unterbrochen. Im Dünndarm »fermentiert« bzw. gärt nun die nicht vorverdaute Stärke, dabei entwickeln sich Alkohol und Kohlensäure. Aus der Verdauungsfabrik kann schnell eine Gasfabrik entstehen, was sich durch einen aufgeblähten Leib und Völlegefühl bemerkbar machen kann.

TIPP

Wer abnehmen will, muss essen!

Dieser Satz hört sich im ersten Moment etwas unglaubwürdig an, schließlich wurde uns über Jahrzehnte hinweg das Gegenteil empfohlen. Es scheint paradox, doch die Wahrheit lautet: Wer seinem Körper die Energiezufuhr entzieht, schwächt den Stoffwechsel und fährt die Fettverbrennung zurück, der Grundumsatz sinkt ins Bodenlose und danach ist Jojo-Effekt angesagt. Also essen Sie! Eben nur das Richtige! Mit der Trennkost gehen Sie einen neuen Weg: Sie müssen nicht mehr fasten, hungern und sich quälen. Sie stellen Ihre Mahlzeiten einfach nur genussvoll und harmonisch zusammen. Statt Einschränkungen oder übereifrigen Esskontrollen erleben Sie hier Freiheit, Genuss, Abwechslung und Lebensqualität.

* * *

Kohlenhydrate und Eiweiß im Kombipack machen dick

Übergewichtige Menschen leiden oft an dem Problem, dass der Kohlenhydratstoffwechsel nicht so funktioniert wie bei schlanken Personen. Dieser Defekt wird durch ungünstig kombinierte Lebensmittel noch verstärkt. So können zum Beispiel folgende Speisen, regelmäßig verzehrt, auf Dauer richtig fettleibig machen: Gulasch mit Knödeln, Nudeln mit Fleischsauce, Reis mit Schaschlik, Bratkartoffeln mit Spiegeleiern, Fisch mit Pommes frites, Hamburger, Currywurst mit Brötchen, um nur einige zu nennen.

Schauen Sie sich Ihre bisherigen Essgewohnheiten einmal in Ruhe an. Wenn Ihre Mahlzeiten ähnlich zusammengestellt sind, sollten Sie diese harmonischer aufeinander abstimmen. Denn eine solche Mischkost kann Ihnen ganz schön schwer im Magen liegen, Sie bleiern müde machen und Ihrer Verdauung große Probleme bereiten.

Neben Verdauungsproblemen steigt bei ungünstig zusammengestellten Mahlzeiten oftmals zusätzlich auch Ihr Blutzuckerspiegel übermäßig an und setzt eine verhängnisvolle Kettenreaktion in Gang.

* * *

Wenn Zucker und Hormone Achterbahn fahren …

Der Körper besitzt ein ausgeklügeltes System, um den Blutzuckerspiegel auf einem gewissen Niveau aufrechtzuerhalten. Auf einen erhöhten Blutzuckerspiegel nach der Nahrungsaufnahme reagiert die gesunde Bauchspeicheldrüse (auch Pankreas genannt) mit der Ausschüttung des Hormons Insulin. Insulin wirkt als Schlüssel und öffnet quasi die Körperzellen, um die Glukose (Traubenzucker) aus dem Blut zu entfernen und zur weiteren Verstoffwechslung in die Zellen zu schleusen. So verhindert das Insulin ein Verkleben der Blutgefäße und bewirkt eine Senkung des Blutzuckerspiegels.

> Anders als bei üblichen Diäten gibt es bei der Trennkost **keine strikten Verbote**. Sie können alle Lebensmittel in Ihren Speiseplan einbauen, solange Sie die Regeln beachten.

Die aus dem Blut entnommenen Zuckermoleküle werden dann entweder

- direkt zu Energie verbrannt (bei körperlicher Aktivität) oder
- in Glykogen umgewandelt und so in unseren Muskel- und Leberzellen gespeichert, um zwischen den

Das Essverhalten zu verändern, bedeutet auch, neue Lebensmittel auszuprobieren und mehr Kräuter und Gewürze zu verwenden.

Insulin, so lebenswichtig es auch ist, kann unter gewissen Bedingungen zu einem gewichtigen Problem werden. Wenn Sie sich falsch ernähren, steigt Ihr Blutzuckerspiegel nach dem Essen zu rasant an, und auch die darauffolgende Insulin-Ausschüttung ist so heftig, dass Ihr Blutzuckerspiegel wieder schnell stark absinkt. Der erste Energieschub ist rasch vorbei, danach ist Ihr Gehirn mit Glukose unterversorgt (sprich: unterzuckert) und reagiert mit Nervosität und Unkonzentriertheit. Darüber hinaus äußert Ihr Körper in einer Art »Panikreaktion« ein starkes Verlangen nach süßen Speisen, obwohl man gerade erst gegessen hat. Geben Sie diesem Verlangen jetzt nach, entsteht eine Spirale, die nicht nur Ihrer Gesundheit schadet, sondern sich auch auf der Waage bemerkbar macht. Die hier beschriebene Achterbahnfahrt von Blutzucker und Insulin ist ein wahrer Teufelskreis!

Mahlzeiten den Blutzuckerspiegel konstant zu halten, oder

- mit Hilfe von Fettsäuren in unsere Fettpolster an Bauch, Hüften und Beinen eingelagert.

Merken Sie sich bitte diese drei Möglichkeiten, da diese für Ihre schlanke Zukunft ausschlaggebend sind. (An einer anderen Stelle werden wir nochmal darauf zurückkommen.)

* * *

Schlüsselfaktor Insulin

Es ist unschwer zu erkennen, dass unser Insulinhaushalt einer der entscheidenden Faktoren ist, wenn es darum geht, was die aufgenommene Nahrung in unserem Organismus bewirkt und wie unser Stoffwechsel darauf reagiert. Die biochemischen Vorgänge in unserem Körper, die zwangsläufig Folge unseres Essverhaltens sind, lösen viel zu oft eine nicht enden wollende Berg- und Talfahrt des Blutzuckerspiegels aus. Auslöser sind neben der Mischkost immer die Kohlenhydrate.

Bei den Kohlenhydraten unterscheidet man verschiedene Qualitäten. Es gibt Kohlenhydratlieferanten, die den Blutzucker langsam ansteigen lassen, wie zum Beispiel Vollkornprodukte, Naturreis, Kartoffeln, Bananen, Trockenobst und Müsli. Solche ballaststoffreichen, wenig verarbeiteten Nahrungsmittel benötigen im Verdauungstrakt eine längere Aufspaltungszeit, was die Zuckeraufnahme in das Blut verlangsamt. Es gibt aber auch Kohlenhydrate, die zu einem sehr rasanten Anstieg des Blutzuckerspiegels führen. Diese kurzkettigen Kohlenhydrate, die sich beispielsweise in Weißbrot, Weißmehl, Keksen, Pizza, Süßigkeiten, Cornflakes, Limonaden und Bier befinden, werden besonders schnell in Glukose umgewandelt und gelangen binnen kürzester Zeit ins Blut. Was die Konsequenz dieser Blutzuckerspitzen ist, haben Sie bereits erfahren.

Je mehr Insulin die Bauchspeicheldrüse gezwungenermaßen produziert, umso dicker wird man. Insulin wird nicht umsonst auch als Masthormon bezeichnet. Es regt die Bildung von Fettsäuren an und ist somit die Schlüsselsubstanz zur Fettgewebsneubildung. Zudem verhindert Insulin, dass die eigenen Fettdepots geknackt werden können, da gleichzeitig die Fettverbrennung gedrosselt wird. Das Fett bleibt in der Zelle gefangen und dann werden auch die beste Diät und große Disziplin keine Erfolge bringen. Erst wenn die Insulinmenge im Blut dauerhaft niedrig bleibt, beginnt der Körper sein eigenes Fett zu verbrennen und das Gewicht nimmt ab.

Blutzucker und Insulin in Balance – mit Trennkost

Blutglukose- und Insulinspiegel müssen ausgeglichen sein – genau das ist ein wichtiger Schlüssel zum Abnehmen. Trennkost-Mahlzeiten wirken stabilisierend auf den Blutzuckerspiegel und tragen zu einer geringeren Insulinproduktion bei.

Eine normale Mischkost hingegen erhöht oftmals unnötig den Blutzuckerspiegel. Dies wurde inzwischen wissenschaftlich bewiesen. Bei Tests mit verschiedenen gemischten Speisen, also Kombinationen aus Kohlenhydraten und Eiweißen, antwortete die Bauchspeicheldrüse viel zu oft mit einer stark ansteigenden Insulinkurve – noch höher, als hätte man nur Weißbrot gegessen.

* * *

Wunderwaffe Kalium

Prinzipiell sind alle Mineralstoffe für den Stoffwechsel wichtig. Doch Kalium spielt eine besonders große Rolle beim Kampf gegen die Pfunde. Kalium reguliert den Wasserhaushalt im Körper und sorgt für die Weiterleitung von elektrischen Impulsen, also Reizen, an Nerven- und Muskelzellen. Kalium hält den osmotischen Druck in den Zellen aufrecht. Kalium ist der Gegenspieler von Natrium. Immer wenn Kalium in die Zelle eintritt, strömt Natrium aus der Zelle heraus. Dadurch wird die Nierentätigkeit gefordert, der Stoffwechsel wird angeregt, überflüssiges Wasser wird ausgeschieden (man spricht von Entwässerung) und Fettpolster langsam abgebaut. In diesem Wechselspiel liegt ein Großteil des Abnehm-Geheimnisses begründet.

Aber Kalium bietet noch einen weiteren Vorteil. Die folgende Erkenntnis führt bei Ihnen mit großer Wahrscheinlichkeit zu einem echten Aha-Erlebnis. Erinnern Sie sich noch an die Beschreibungen zum Stoffwechselprozess der Kohlenhydrate? Daran, dass Glukose als Glykogen in Leber und Muskulatur eingeschleust und gespeichert werden soll? Passen Sie jetzt gut auf, denn genau hier werden die Weichen für Ihre schlanke Zukunft gestellt.

Damit die Glukose nicht durch das Hormon Insulin mithilfe von Fettsäuren in unschönes bzw. unerwünschtes Körperfett umgewandelt wird, sondern als Energiereserve in Form von Glykogen gespeichert werden kann, brauchen wir Kalium. Glykogen kann nämlich nur gemeinsam mit Kalium in unsere Leber- und Muskelzellen eingeschleust und dort gelagert werden! Kalium übernimmt hier sozusagen die Kleberfunktion, um die einzelnen Zuckermoleküle zusammenzuhalten. Diese bedeutsame Aufgabe kann durch keinen anderen Mineralstoff erfüllt werden.

Wird dem Körper über das tägliche Essen zu wenig Kalium zugeführt, dann wird es für die Zuckerstoffe unmöglich, in unsere Energiespeicher zu gelangen. Sie werden zwangsweise in Fett umgewandelt und das wandert dann für schlechte Zeiten quasi direkt auf unsere Hüften. Und wie wir alle wissen, wird man dieses hartnäckige Körperfett nur sehr schlecht wieder los.

Kalium spielt also eine zentrale Rolle im Energiehaushalt. Denn nur wenn unser Körper kontinuierlich mit Energie aus unseren Glykogenspeichern versorgt wird und der Blutzuckerspiegel somit stabil bleibt, bleiben wir von Heißhungerattacken verschont. Damit Sie nicht in diese Heißhungerfalle geraten, sollten sie immer an eine ausreichende Kaliumversorgung denken.

Der tägliche Mindestbedarf eines erwachsenen Menschen liegt bei etwa 2.000 mg Kalium, doch die Original Trennkost empfiehlt die doppelte Menge (= 4 Gramm), um Natrium und Kalium im Gleichgewicht zu halten und gleichzeitig bessere Abnehm-Erfolge zu erzielen. Werfen Sie mal einen Blick auf die folgende Kaliumliste, dann auf Ihre täglichen Mahlzeiten, und vergleichen Sie Ist- und Soll-Wert.

Kaliumgehalt verschiedener ausgewählter Lebensmittel:

- Kaliumgehalt unter 200 mg/100 g: Chicorée, Chinakohl, Eisbergsalat, Gewürzgurken, Gurken, Kopfsalat, Paprika, Zwiebeln, Zucchini; Ananas, Äpfel, Birnen, Heidelbeeren, Himbeeren; Eier, Käse, Sahne

- Kaliumgehalt von 200–300 mg/100 g: Auberginen, Erbsen, Kürbis, Möhren, Radieschen, Rote Bete, gekochter Spargel, Weißkohl, Erdbeeren, Kiwi, Mandarinen, Mango, Nektarinen, Orangen, Pfirsiche, Pflaumen, Süßkirschen, Wassermelone; Fleisch, Wurst, Fisch, Haferflocken, Vollkornbrot, Vollkornnudeln
- Kaliumgehalt von 300–500 mg/100 g: Blumenkohl, Brokkoli, Endivien, Feldsalat, grüne Bohnen, Salzkartoffeln gekocht, Kohlrabi, Mais, Mangold, Rettich, Rosenkohl, Sauerkraut, Schnittlauch, Sellerie, Tomaten, Wirsing; Aprikosen, Bananen, Honigmelone, Rhabarber
- Kaliumgehalt von 500–700 mg/100 g: Avocado, Fenchel, Grünkohl, Spinat, alle frischen Pilze (außer Shiitake), getrocknete Pilze, Meerrettich; Pellkartoffeln, Pommes, alle Kartoffelfertigprodukte (Trocken- und Tiefkühlprodukte); Kakaopulver, Nüsse, Mandeln, Samen, Tomatenmark; Weizen- u. Haferkleie
- Kaliumgehalt über 700 mg/100 g: Kichererbsen, Petersilie, Sojabohne, Sojamehl; Trockenobst (Äpfel, Aprikosen, Datteln, Feigen, Pfirsiche, Pflaumen), Rosinen

Hinweis: Kaliumpräparate in Form von Tabletten sollten Sie nur unter ärztlicher Betreuung zu sich nehmen, da diese dafür bekannt sind, Magen- und Verdauungsprobleme zu verursachen. Schüßler-Salze sind davon ausgenommen. Diese unterstützen den Stoffwechsel und haben eine heilende Wirkung.

Los geht's: Die Gewichtsabnahme beginnt

Damit Sie das Abnehm-Programm durchhalten und mit sichtbarem Erfolg abschließen, sollten Sie unbedingt noch ein paar wichtige Tipps beachten.

Bevor Sie mit dem eigentlichen 4-Wochen-Trennkost-Abnehm-Programm starten, ist es wichtig, sich nicht nur seelisch und moralisch, sondern auch organisatorisch auf die Gewichtsabnahme einzustimmen.

* * *

Der Countdown läuft

Zwei bis drei Tage vor dem eigentlichen Startschuss des Projekts »Power-Abspecken« ist die richtige Vorbereitung das A und O. Misten Sie aus! Den Vorratsschrank, nicht den Kleiderschrank. Packen Sie ein Körbchen mit Fertig-Pizza, Schokolade, Sekt und Co. und überreichen Sie es einer guten Freundin oder netten Arbeitskollegin als Geschenk. Wenn es passt, können Sie bei dieser Gelegenheit auch direkt von Ihren Abnehmplänen erzählen. Das erhöht die Wahrscheinlichkeit, dass Sie durchhalten. Sie können Ihre Freundin auch bitten, Sie in den nächsten Wochen in jeder erdenklichen Form zu unterstützen – sei es durch gemeinsame Sporteinheiten, durch regelmäßiges Trennkost-Abendessen-Kochen oder einfach durch Motivieren zum Weitermachen, falls Sie mal schwach werden.

Was den Kleiderschrank betrifft, können Sie auch einiges tun. Kramen Sie sich beispielsweise aus der hintersten Ecke eine Hose hervor, die Sie unbedingt wieder tragen möchten, bei der zum jetzigen Zeitpunkt aber leider der Knopf nicht zugeht. Oder aber Sie nehmen sich als Referenz ein Kleidungsstück, das jetzt gerade passt wie angegossen, aber leider nicht Ihrer Wunschgröße entspricht. Ihr Ziel sollte sein, dass es Ihnen in vier Wochen zu groß ist.

Eine gute Motivationshilfe ist das berühmte Foto am Kühlschrank. Kramen Sie mal in Ihrer Bilder-Box, Sie werden bestimmt fündig. Hier gibt es zwei Möglichkeiten: entweder das Bild mit dem Namen »So schlank war ich mal, kaum zu glauben! Da möchte ich wieder hin!« oder das Foto »Schrecklich, ich will mich gar nicht anschauen!«.

In der Einstimmungsphase kommt es darauf an, sich für die nächsten vier Wochen von den alten, eingefahrenen Gewohnheiten zu verabschieden. Wie Sie das genau anstellen, bleibt natürlich Ihnen überlassen. Und ganz wichtig: Überlegen Sie sich im Voraus eine Belohnung! Diese sollte jedoch – wenn möglich – nichts mit Essen zu tun haben.

Wenn Sie wirklich abnehmen wollen, dann fangen Sie ***jetzt*** *an. Die Umsetzung* ***»ab morgen«*** *oder als Vorsatz fürs neue Jahr ist nicht sehr erfolgversprechend.*

* * *

Der Umschalttag

Zugegeben, er ist hart, der erste Tag, aber von großer Wichtigkeit, denn er birgt insgeheim die Vorfreude auf eine enorme Körperveränderung. Dieser Tag beendet Ihre pummelige Zeit und setzt das Signal für den Beginn Ihrer Gewichtsabnahme. Dieser eine Tag bereitet Sie optimal auf die (vorübergehende) Veränderung Ihrer bisherigen Essgewohnheiten vor. Gehen Sie ganz entspannt an die Sache heran. Freuen Sie sich über Ihren Entschluss und denken Sie an die positive Wirkung, schon bald schlanker und fitter zu sein. Dies gibt Ihnen Aufschwung und Energie zugleich, zumal es sich bei diesem Tag nur um ein begrenztes Zeitfenster handelt.

Ziel ist es, den Stoffwechsel anzukurbeln, viel Kalium zuzuführen, zu entwässern und zu entgiften und den Schalter von Übergewicht auf Abnehmen umzulegen, um so die Berg- und Talfahrt des Blutzuckerspiegels zu beenden. Dieser Entschlackungstag ist der Startschuss in eine schlankere Zukunft.

Es ist hilfreich, wenn Sie sich speziell für diesen Tag schon im Voraus ein paar Gedanken machen, um sich dann mit schönen Dingen beschäftigen zu können. Schauen Sie sich zum Beispiel an diesem Tag einen mitreißenden Film an oder lesen Sie ein spannendes Buch (statt Popcorn und Schokolade aber bitte zu Tee greifen). Auch Fotos schauen und in Urlaubserinnerungen schwelgen macht Laune. Oder telefonieren Sie mal wieder mit einer Freundin, von der Sie lange nichts gehört haben. Die wichtigste

Devise lautet: Tun Sie sich etwas Gutes und lassen Sie keine Langeweile aufkommen!

Viel trinken! Aber was? Gleich am Morgen bereiten Sie sich 1 Liter Mineralwasser mit 4 Esslöffeln naturtrübem Apfelessig und 20 Tropfen Stevia flüssig zu. Trinken Sie dies im Laufe des Vormittags. Mittags stellen Sie nochmals die gleiche Menge her, die für den Nachmittag bis zum Abend gedacht ist. Dieses erfrischende Apfelessig-Getränk erhöht den Kaliumgehalt im Körper, kurbelt Verdauung und Fettverbrennung an und vermindert darüber hinaus fiese Heißhungerattacken.

Essen nur in flüssiger Form! Am Umschalttag gibt es über den gesamten Tag verteilt eine feine Gemüse-Kartoffelsuppe, und zwar so viel Sie möchten. Diese kochen Sie am besten vormittags, natürlich ohne Salz, dafür mit vielen frischen Kräutern. Die Gemüse-Kartoffelsuppe besteht aus 3 Kartoffeln, einer großen Stange Lauch, einigen Grünkohl- oder Mangoldblättern (ersatzweise Wirsing), einem Stück Sellerie und etwas Brokkoli. Das exakte Gewicht spielt keine Rolle. Schälen Sie die Kartoffeln, putzen Sie das Gemüse, waschen und zerkleinern Sie es. Geben Sie es in einen großen Topf, bedecken alles gut mit Wasser und fügen Sie nach Belieben Majoran, Liebstöckel, Kümmel und Knoblauch hinzu. Anschließend zugedeckt bei mittlerer Temperatur garen, bis das Gemüse weich ist, dann nach Belieben pürieren. Mit frisch gehackter Petersilie bestreuen.

Ein kleiner Tipp: Diese basische Suppe ist nicht nur reich an Vital- und Ballaststoffen, sondern auch für die harntreibende, entwässernde Wirkung bekannt. Wenn Sie mögen, können Sie sich diese wirksame Abnehmsuppe einmal in der Woche zubereiten. Bleiben Sie nach dem Verzehr der Suppe besser zu Hause, denn an diesem kaliumreichen Tag sollte immer eine Toilette in der Nähe sein.

TIPP

Machen Sie den Umschalttag zum Wohlfühltag

Lassen Sie an diesem Tag einmal alles hinter sich und machen Sie nur das, wozu Sie wirklich Lust haben. Ein Tag nur für Sie alleine, ein Tag ohne Pflichten, ein Tag ohne Stress und Hektik. Unterstützen Sie die Entgiftung mit einem basischen Vollbad. Spezielle Badesalze erhalten Sie in Drogerien, Reformhäusern oder Bioläden. Bringen Sie auch Ihre Gedanken zur Ruhe, am besten gelingt das mit Aromatherapie. Auch Maniküre, Pediküre und Gesichtsmasken oder ein Friseurbesuch sind empfehlenswert, um sich in seinem (bald) neuen Körper wieder pudelwohl zu fühlen.

Die 10 wichtigsten Abnehm-Regeln

Nach dem Umschalttag ist Ihnen der Erfolg sicher, denn mit 1 bis 2 Kilo weniger auf der Waage sind Sie hoch motiviert. Doch bevor Sie jetzt euphorisch mit dem Abnehm-Programm loslegen, nehmen Sie sich ein paar Tipps und Anregungen zu Herzen, die Ihnen in den nächsten vier Wochen Hilfe und Stütze sein sollen.

1. Nicht zum Frühstücken zwingen! »Frühstücke wie ein Kaiser!«, so hieß es immer. Ohne Frühstück könne man sich nicht auf seine Arbeit konzentrieren, der Stoffwechsel springe nicht an und die Gewichtsabnahme sei behindert. Inzwischen weiß man: Wer morgens noch nichts essen kann, muss sich nicht zum Frühstück zwingen. Jeder Mensch hat seinen eigenen Essrhythmus und kann die Uhrzeit für die erste Mahlzeit am Tag nach eigenem Ermessen selbst bestimmen.

2. Auf den richtigen Snack kommt es an. Eine Zwischenmahlzeit am Vor- oder Nachmittag ist dann nützlich, wenn Sie zwischen den Hauptmahlzeiten der kleine Hunger quält. Doch bevor Sie etwas essen, trinken Sie zuerst ein Glas verdünnten Apfelessig. Denn Hunger und Durst als Signale des Körpers sind ähnlich und werden häufig verwechselt. Sind Sie wirklich hungrig, dann sind Obst, Rohkost oder ein Smoothie ideal. Diese Snacks sind wasserhaltig, heben den Blutzucker ein wenig an und machen Sie wieder fit. Sie können aber auch zu einem Naturjoghurt mit frischen Beeren und Chiasamen greifen.

3. Finger weg von Fast Food und Fertiggerichten! Fertiggerichte stehen bei vielen hoch im Kurs, sie sind praktisch und zaubern in Kürze ein Essen auf den Tisch. Doch industriell hoch verarbeitete Lebensmittel und Fast Food genauso wie Schokolade, Chips, Kekse und Kuchen sind zur Gewichtabnahme ungeeignet. Oft sind in großen Mengen Zucker und ungesundes Fett enthalten. Außerdem manipulieren die darin befindlichen geschmacksverstärkenden Zusatzstoffe den Speichelfluss und lassen uns das Wasser im Mund zusammenlaufen. Dies signalisiert dem Gehirn: »Hunger!« Wir müssen zwangsläufig weiteressen. Und was das zur Folge hat, hat mit Abnehmen nichts zu tun.

4. Ordentlich kauen! Gründliches Kauen macht schlank! Beim richtigen Kauen wird vermehrt Speichel gebildet. Dies wirkt sich nicht nur bei den Kohlenhydraten positiv aus (Sie erinnern sich: Kohlenhydrate brauchen zur Vorverdauung unbedingt die basischen Enzyme des Speichels). Sondern diese vermehrte Kautätigkeit und damit verbundene Speichelbildung hat Einfluss auf den Blutzuckeranstieg, drosselt Hungergefühle und verringert automatisch eine zu reichliche Nahrungsaufnahme. Nehmen Sie sich also immer Zeit zum Essen. Nach wie vor gilt die Regel: »Gut gekaut ist halb verdaut.«

5. Trinken nicht vergessen! Was hat Trinken mit Abnehmen zu tun? Der menschliche Organismus besteht im Durchschnitt zu 65 Prozent aus Wasser. Damit der Stoffwechsel allen seinen Aufgaben gerecht wird, sollten wir täglich 1,5 bis 2 Liter Flüssigkeit zu uns nehmen. Diese Menge benötigt die Niere, um Abbauprodukte zügig loszuwerden, die beim Abnehmen vermehrt anfallen. Da zudem in diesem Abnehm-Programm eine kürzere Verdauungsphase angestrebt wird, brauchen wir Wasser, um den Darm damit zu versorgen. Fehlt dem Körper Flüssigkeit, entzieht er dem Dickdarm Wasser, was Verstopfungen verursachen kann. Dies ist nicht nur beim Abnehmen hinderlich. Doch welche Getränke sind empfehlenswert? Neben Wasser in jeglicher Form sind auch verschiedene ungesüßte Tees oder stark verdünnte Obst- und Gemüsesäfte eine gute Alternative.

6. Sind Light-Getränke geeignet? Light-Getränke stehen im Verdacht, Blutzucker- und Insulinspiegel negativ zu beeinflussen und den Appetit anzuregen. Bisherige Studien konnten dies nicht einwandfrei belegen, doch die Bedenken bleiben, und solange dies nicht endgültig geklärt ist, sollten Sie Ihren Körper nicht mit synthetischen Süßstoffen belasten und ihn womöglich in eine Hungerfalle locken. Hinzu kommt, dass die Geschmacksnerven mit der Zeit für »süß« unempfindlich werden können und somit immer mehr danach verlangen. Wenn Sie sich in den nächsten 4 Wochen mit purem Wasser und Tee nicht anfreunden können, dann machen Sie sich eine »Limonade« aus Apfelessig und flüssigem Stevia. Denn Stevia ist natürlichen Ursprungs und zählt somit nicht zu den synthetischen süßen Dickmachern.

7. Ein Bierchen in Ehren? Normalerweise ist gegen gelegentlich ein Glas Bier oder ein Glas Wein sicher nichts einzuwenden. Doch Alkohol und Abnehmen – das ist wie Feuer und Wasser. Alkohol ist ein Figurenkiller. Er stört nicht nur den Verdauungsvorgang, sondern stoppt auch die Fettverbrennung und steigert den Appetit. Denn Alkohol setzt bestimmte Hormone und Neurotransmitter frei, die Hungergefühle auslösen. Zudem entzieht Alkohol dem Körper Flüssigkeit und damit auch Salz. Um diese Salzspeicher wieder aufzufüllen, entwickelt der Körper gnadenlos ein starkes Verlangen nach Salzigem, Fettigem und Deftigem. Um all diesem zu entgehen, ist es besser, während des Abnehm-Programms auf alkoholische Getränke zu verzichten.

8. Der Umgang mit Kaffee, Tee, Milch und Kakao. Kaffee und schwarzer Tee tragen zur Flüssigkeitszufuhr bei. Gegen bis zu vier Tassen am Tag ist bei Erwachsenen nichts einzuwenden. Es gibt Menschen, die durch das Koffein eine appetitzügelnde Wirkung verspüren. Ob Ihnen Kaffee oder Schwarztee beim Abnehmen hilft, müssen Sie selbst ausprobieren. Milch und Kakao zählen wegen ihres hohen Nährwertes nicht zu den durstlöschenden Getränken, sondern sollten als eine kleine Mahlzeit gerechnet werden. Absolut uneingeschränkt kann man Früchtetee genießen. Kräutertees hingegen sind eher als Heilmittel zu sehen und sollten nicht bedenkenlos als Durstlöscher eingesetzt werden.

9. Vermeiden Sie Ärger, Stress und Zeitdruck! Unter Stress schüttet der Körper die Hormone Adrenalin und Kortisol aus. Dadurch kommt es zu einer Freisetzung von Glukose und damit zu einer Erhöhung des Blutzuckerspiegels. Um diesen auf natürlichem Weg wieder zu senken, müsste man körperlich aktiv werden. Aber wer rennt schon nach einer stressigen Situation einmal um den Häuserblock herum? Stattdessen nutzen viele das Essen als Ventil, um mit Schokolade und Co. die Nerven zu beruhigen, und füttern sich so ganz langsam Kummerspeck an. Versuchen Sie, in den nächsten vier Wochen Ärger, Hektik und Aufregung weitestgehend zu vermeiden. Und wenn es doch mal zu einer stressigen Situation kommt, können ein kleiner Spaziergang, ein paar Kniebeugen am Fenster oder ein paar tiefe Atemzüge bei einer Tasse Tee auch helfen.

It's tea time! Beim Abnehmen gilt: mindestens 1,5 Liter pro Tag trinken. Stoffwechsel und Verdauung werden es Ihnen danken!

10. Machen Sie längere Esspausen zwischen den Mahlzeiten! Der Magen braucht Pausen zwischen den Mahlzeiten, um das vorherige Essen vorzuverdauen und in den Dünndarm abzugeben. Auf jeden Fall sollten drei Mahlzeiten am Tag auf dem Plan stehen. Wenn Ihnen zwischendurch der Magen knurrt, können Sie zu einem Snack aus Obst, Rohkost, Smoothie oder einem Milchprodukt greifen. Wichtig ist, dass Sie zwischen den Mahlzeiten genug Abstand lassen, um die Fettverbrennung anzuregen.

Im richtigen Rhythmus essen: Nach dem Frühstück sind 2–3 Stunden Pause empfehlenswert. Zwischen Vormittagssnack und Mittagessen sollten 1½–2 Stunden liegen und zwischen Mittagessen und Nachmittagssnack 3½–4½ Stunden. Nach dem Nachmittagssnack sollte es einen Abstand von 2–3 Stunden zum Abendessen geben. Nach dem Abendessen sollten Sie, wenn möglich, nichts mehr essen.

Das Power-Abnehm-Programm

Nachdem Sie sich im Vorfeld gut informiert haben, geht es nun effektvoll weiter. In diesem Kapitel erfahren Sie alles Wichtige für den weiteren Ablauf und die Vorgehensweise, um Ihre überflüssigen Pfunde loszuwerden.

Das Trennkost-Abnehm-Programm funktioniert verblüffend einfach. Und schon in kurzer Zeit werden Sie Erfolge auf der Waage sehen. Doch nicht nur das, Sie stecken auch voller Energie und guter Laune. Denn eins ist garantiert: Sie müssen weder Kalorien zählen oder auf Kohlenhydrate verzichten noch Hunger leiden.

Sie *dürfen* nicht nur essen, Sie *sollen* sogar. Eben nur das Richtige bzw. richtig kombiniert! Im Folgenden finden Sie, gegliedert nach den einzelnen Mahlzeiten, eine Übersicht über die Lebensmittel, mit denen Sie sich Ihren individuellen Abnehm-Speiseplan zusammenstellen können. Auch der Kombiplan (Seite 36) zeigt auf einen Blick, welche Lebensmittel zur Kohlenhydratgruppe, welche zur Eiweißgruppe und welche zur neutralen Gruppe gehören.

* * *

Gut gelaunt in den Tag: das Frühstück

Ob warm oder kalt, ob süß oder deftig – mit Trennkost ist es so einfach, den Tag energiereich und voller Elan zu beginnen. Ob Sie morgens unter einem eiweiß- oder kohlenhydratreichen Frühstück oder einem Obstfrühstück wählen möchten, bleibt Ihnen überlassen. Hauptsache, Sie trennen die stark eiweißreichen von den überwiegend kohlenhydratreichen Lebensmitteln!

Wenn Sie morgens partout keinen Hunger haben oder noch nichts essen können, dann nehmen Sie sich von zu Hause einfach ein gesundes Vesper mit. Denn der nächste Hunger kommt bestimmt. Mit einer »Verpflegung in der Handtasche« fühlen Sie sich gleich sehr viel sicherer und laufen nicht Gefahr, den Verführungen unterwegs standhalten zu müssen.

* * *

Das Obstfrühstück

Morgens Obst zu essen, ist ein guter Tipp. Wählen Sie aus heimischen oder exotischen Obstsorten aus und essen Sie sich innerhalb der Mahlzeit satt daran. Achten Sie dabei aber unbedingt auf die Gruppenzugehörigkeit und mischen Sie zum Beispiel Bananen oder andere »Kohlenhydrat-Obstsorten« (wie Feigen oder Datteln) nicht mit Sorten, die zu der Gruppe der Eiweiße zählen. Der Kombiplan (Seite 36) hilft ihnen hier den Überblick zu behalten. Wenn Sie Obst in flüssiger Form bevorzugen, dann ist ein Smoothie für Sie genau das Richtige. Sie können auch Früchte zusammen mit Joghurt und Chiasamen (beides neutral) essen.

* * *

Das Eiweißfrühstück

Proteine am Morgen gegessen erhöhen die Wachsamkeit, sind also regelrechte Muntermacher. Eiweißhaltige Kost sättigt gut, schützt vor Heißhungerattacken und hilft beim Muskelaufbau. Im Durchschnitt benötigt ein Erwachsener 0,8–1 Gramm Eiweiß pro Kilogramm Körpergewicht. Eine 80 kg schwere Person benötigt demnach 64–80 g Eiweiß täglich, wobei jüngere Menschen, Sportler und schwangere bzw. stillende Frauen einen höheren Bedarf haben. 100 g Fleisch, Fisch und Käse enthalten im Durchschnitt 24 g Eiweiß. Tofu, Milchprodukte und Eier haben etwa 13 g Eiweiß.

Die folgenden Mengenempfehlungen sind immer für eine Portion gedacht.

Wählen Sie als Beilage:

- 100 g Fleisch oder
- 100 g Fisch oder
- 100 g Käse oder
- 100 g Tofu oder
- 40 g Wurst oder
- 2 Eier

Tipp: Pro Portion gibt es 1 Scheibe Eiweißbrot (100 g) zu einer der oben genannten Beilagen. Essen Sie dazu in beliebiger Menge: Tomaten, Gurken, Paprika, Radieschen, Kohlrabi oder andere Rohkost, aber kein aus Mehl gebackenes Brot.

* * *

Das Kohlenhydratfrühstück

Ein vollwertiges kohlenhydratreiches Trennkostfrühstück versorgt den Körper mit Energie, jedoch ohne Heißhunger zu provozieren. Echtes Vollkornbrot bzw. -brötchen, Hirse, Getreide- und Haferflocken mit ihren komplexen Kohlenhydraten lassen nach dem Verzehr den Blutzuckerspiegel nur langsam steigen, sorgen für ein langanhaltendes Sättigungsgefühl und fördern gleichzeitig die Verdauung. Bei vielen besonders beliebt sind Overnight Oats. Das sind eingeweichte Haferflocken, die

Sie am Vorabend schon zubereiten und am nächsten Morgen direkt löffeln oder mit zum Arbeitsplatz nehmen können.

Die folgenden Mengenempfehlungen sind immer für eine Portion gedacht.

Wählen Sie als »Basis«:

- 1 Scheibe Vollkornbrot (80 g) oder
- 1 Vollkornbrötchen (80 g) oder
- 3 Scheiben Vollkornknäckebrot
- 50 g Hirse oder
- 40 g Haferflocken oder
- 40 g sonstige Getreideflocken

Wichtige Tipps:

- Brot oder Brötchen dünn mit Butter oder Frischkäse bestreichen und mit Folgendem belegen bzw. bestreichen: 30 g Wurst oder Schinken (ca. 3 dünne Scheiben) oder 30 g Käse (ca. 1 Scheibe) oder 50 g Quark (ca. 2 EL) oder 2 TL Honig.
- Da es keine hundertprozentige Trennung der Nahrungsmittel gibt, können Sie das Brot mit 30 g Wurst oder Käse belegen. Weitere Ideen für Brotbeläge finden Sie im Kombiplan oder im Rezeptteil. Essen Sie dazu in beliebiger Menge: Tomaten, Gurken, Paprika oder andere Rohkost.
- Beim Müsli gilt: Hirse, Getreide- und Haferflocken bitte nicht mit fruchtsäurehaltigen Obstsorten (wie Äpfel, Ananas, Birnen, Erdbeeren, Kiwi, Pfirsich etc.) kombinieren. Bananen, Heidelbeeren oder Trockenfrüchte passen hier besser (siehe auch Kombiplan!). Auch keine Milch verwenden, da diese in Verbindung mit Kohlenhydraten noch schwerer verdaulich wird. Harmonischer werden Müslis mit gesäuerten Milchprodukten, z. B. 125 g Buttermilch, Kefir oder Joghurt. Auch Mandel-, Reis-, Soja- oder Hafermilch oder ein Gemisch aus ⅓ Sahne und ⅔ Wasser können Sie verwenden. Müsli kann mit etwas Honig gesüßt werden.
- Auf Ihren Kaffee oder schwarzen Tee zum Frühstück müssen Sie nicht verzichten. Sie können ihn mit Kaffeesahne etwas verfeinern. Zum Süßen bietet sich Stevia flüssig oder Agavendicksaft an.

* * *

Für den kleinen Hunger zwischendurch: die Snacks

Manchen Menschen reichen drei Hauptmahlzeiten am Tag nicht aus, sie müssen zwischendurch etwas Kleines zwischen die Zähne kriegen. Statt viel zu oft zu ungesunden Snacks wie Schokolade und Keksen zu greifen, ist es sinnvoller, wenn Sie sich am Vor- oder Nachmittag mit Vitaminen und Mineralstoffen versorgen. Ein vollwertiger Snack stillt nicht nur den kleinen Hunger, sondern hält auch den Blutzucker im Gleichgewicht und sorgt so für einen raschen Nachschub an Kraft und Konzentration.

Die folgenden Mengenempfehlungen sind immer für eine Portion gedacht.

Geeignete Kohlenhydrat-Zwischenmahlzeiten:

- 1 abgelagerter Apfel
- 1 Banane
- 3 frische Feigen
- 3 getrocknet Datteln
- 3 getrocknete Aprikosen
- 3 getrocknete Pflaumen
- 1 Müsliriegel ohne Zucker
- 2 Vollkornkekse ohne Zucker

Geeignete Eiweiß-Zwischenmahlzeiten:

- 1 frischer saftiger Apfel
- 1 Grapefruit
- 100 g Erdbeeren
- 1 Pfirsich
- 100 g Trauben
- ¼ l frischer Orangensaft
- 1 hart gekochtes Ei + 1 Tomate
- 1 Scheibe Käse + 5 Radieschen

Geeignete neutrale Zwischenmahlzeiten:

- 1 Stück Melone
- 1 Paprikaschote
- ½ Salatgurke
- 1 Fleischtomate
- 200 g Sauerkraut
- ½ große Avocado
- 150 ml gesäuerte Michprodukte (Kefir, Buttermilch, Joghurt)

Wichtig: Sie müssen keine Zwischenmahlzeiten zu sich nehmen, wenn Sie nicht das Bedürfnis danach haben! Entscheiden Sie hier ganz individuell!

* * *

Ob warm oder kalt: das Mittag- und das Abendessen

Genuss ohne Reue ist hier garantiert. Nicht *weniger*, sondern *anders* essen – so lautet die Devise der Trennkost. Abnehmen heißt nicht, dass Sie auf Genussfreuden verzichten müssen, sondern umzudenken und sich solche Lebensmittelkombinationen zunutze zu machen, die beim Abnehmen helfen.

Entscheiden Sie sich sowohl am Mittag als auch am Abend zwischen einer eiweiß- oder einer kohlenhydratreichen Mahlzeit.

- Bei einer Eiweißmahlzeit können Sie zwischen Fleisch, Fisch, Käse oder Eiern wählen.
- Bevorzugen Sie eine Kohlenhydratmahlzeit, so können Sie zwischen Kartoffeln, Nudeln, Reis oder Getreide wählen.
- Zusätzlich können Sie sich, um den Mahlzeiten den richtigen Pfiff und Abwechslung zu geben, in kleinen Mengen der Neutralen in Teil 1 bedienen. (siehe Kombiplan)
- Bei den Neutralen in Teil 2 gibt es keine Mengen-Begrenzung, also greifen Sie hier ordentlich zu. (siehe Kombiplan)
- Essen Sie vor oder zu einer Hauptmahlzeit einen großen Teller

kaliumreiche Salate, Gemüse oder Rohkost.

Eiweiß-Hauptmahlzeit:

- 180 g Fleisch oder
- 200 g Fisch oder
- 2 Eier oder
- 80 g Käse bis 60 % Fett i.Tr. oder
- 100 g gegarte Wurstsorten
- Essen Sie dazu 300 bis 400 g Gemüse, Salat oder Rohkost

Kohlenhydrat-Hauptmahlzeit:

- 80 g Getreide (roh gewogen) oder
- 80 g Naturreis (roh gewogen) oder
- 80 g Vollkornnudeln (roh gewogen) oder
- 200 g Kartoffeln
- Essen Sie dazu 300 bis 400 g Gemüse, Salat oder Rohkost

* * *

Ohne Bewegung geht's nicht

Ihr Vorsatz ist klar: Sie möchten abnehmen! Dann sollten Sie die körperliche Aktivität auf gar keinen Fall vernachlässigen, denn Ernährung und Bewegung entfalten nur im Kombipack erfolgreich ihre Wirkung. Dabei ist nicht nur von Crosstraining, Volleyball, Laufbandlaufen

TIPP

Keine Angst vor Kohlenhydraten am Abend!

Neuere Diätmethoden empfehlen, am Abend eiweißreich und kohlenhydratarm zu essen, um so über Nacht die Glykogenspeicher der Muskulatur zu leeren, gleichzeitig damit Fettreserven aufzubrauchen. Da die Muskulatur aber während des Schlafens praktisch untätig ist, wird über Nacht nahezu ausschließlich Leberglykogen verbraucht; der Muskel wird kaum angezapft. Diese kleine, aber feine Fehlinformation hat sich derart flächendeckend verbreitet, dass Kohlenhydrate am Abend für viele zum größten Feind geworden sind. Dabei gibt es Kohlenhydratlieferanten, die tatsächlich beim Abnehmen helfen, zum Beispiel Kartoffeln. Der darin enthaltene hohe Kaliumanteil ist der ideale Schlankmacher. Wichtig zu wissen: Kohlenhydrate machen nur dann dick, wenn sie mit hochkonzentrierten Eiweißen wie Fleisch, Fisch oder Eiern gemeinsam gegessen werden, wenn es sich um kurzkettige Kohlenhydrate handelt und wenn der Mineralstoff Kalium fehlt. Im Alleingang, mit kaliumreichen und neutralen Lebensmitteln kombiniert, brauchen Sie Kartoffeln, Vollkornbrot, Nudeln und Co. nicht zu fürchten. Es ist völlig egal, ob es die Spaghetti abends oder zum Mittagessen gibt. Sie müssen also abends nicht auf ihre geliebten Kohlenhydrate verzichten.

oder Gewichteheben die Rede, sondern vor allem von Bewegung, die Sie im alltäglichen Leben einbauen können. Über den ganzen Tagesverlauf hinweg können Sie in Schwung bleiben – mit diesen einfachen Tricks:

- Morgens beim Zähneputzen können Sie sich angewöhnen, Kniebeugen zu machen. So kommt auch schon früh am Tag Ihr Kreislauf richtig in Fahrt.
- Beim Warten auf den Bus, beim Anstehen in der Supermarktschlange oder beim Telefonieren können Sie super Ihre Bauch- und Pomuskeln trainieren, indem Sie diese Körperpartien ganz fest anspannen, 10 Sekunden halten und wieder loslassen.
- Zwischendurch gilt: Umarmen Sie sich selbst. Legen Sie dazu Ihre Arme über Kreuz um den Oberkörper und halten Sie sich an den Schulterblättern fest. Drehen und beugen Sie abwechselnd dabei den Oberkörper langsam ganz weit nach links, rechts, vorne und nach hinten. Die Spannung jeweils 10 Sekunden halten. Diese Übung mehrmals wiederholen, dann die Arme ausschütteln.
- Den Abend vor dem Fernseher kann man nicht nur lümmeld auf der Couch verbringen. Ein bisschen Gymnastik dabei tut gut. Legen Sie sich mit dem Rücken auf den Boden und die Unterschenkel auf einen Stuhl, sodass die Beine im rechten Winkel geknickt sind. Heben Sie in dieser Position das Becken langsam an, dann wieder langsam senken, ohne es abzulegen. Drücken Sie gleichzeitig Ihren Rücken fest in den Boden. Übung zehnmal wiederholen, dann entspannen.
- Legen Sie sich einen Schrittzähler zu, der den ganzen Tag Ihre Schritte misst. Solch ein Gerät, klein und unsichtbar in der Hosentasche, spornt ungemein an und bringt sogar Sportmuffel auf Trab. Manche Menschen erfahren erst durch einen Schrittzähler, wie wenig sie sich im Alltag bewegen. Das tägliche Ziel sind mindestens 10.000 Schritte! Das kann man schaffen, indem man unter anderem zu Fuß statt mit dem Auto einkaufen geht und anstelle des Aufzugs die Treppe benutzt. Und wenn am Ende des Tages die magische Zahl noch nicht erreicht ist, dann heißt es eben noch kurz spazieren gehen.

Für jeden Menschen gibt es den passenden Sport! Wenn Sie über diese kleinen Alltagsbewegungen hinaus noch sportlich aktiv werden, umso besser. Suchen Sie sich Ihrem Alter entsprechend eine schöne Art, sich zu bewegen. Es gibt viele Sportarten, die Spaß machen. Zum Beispiel Wasseraerobic, Bauchtanz, Zumba, Pilates, Inlineskaten, Trampolinspringen, Radfahren, Laufen auf einem Trimm-Dich-Pfad, Nordic Walking oder Wandern. Wichtig ist, dass Sie Freude daran haben und Ihr gesamtes Wohlbefinden dabei gesteigert wird.

Die positiven Auswirkungen: Durch sportliche Aktivitäten werden alle Körperfunktionen beschleunigt. Besonders der Zucker wird in der Muskulatur verbrannt, vermindert so

Bei Abnehmen mit Trennkost müssen Sie nicht hungern! Gegen den kleinen (Heiß-)Hunger (nach dem Sport) hilft ein leckerer Smoothie.

Dosis körperliche Aktivität erzielt auf Dauer eine große Wirkung. Schon nach kurzer Zeit stellen Sie fest, dass nicht nur Ihre Muskeln wieder geschmeidiger und Ihre Gelenke beweglicher geworden sind, sondern sich Ihr Training auch auf das Körpergewicht ausgewirkt hat.

Mit einem Ziel vor Augen: Wichtig: Setzen Sie sich für das 4 - Wochen - Abnehm - Programm konkrete individuelle Ziele! Dies kann die Häufigkeit, die Dauer oder die zurückgelegten Entfernungen bei den einzelnen Einheiten betreffen. Am besten halten Sie diese Ziele schriftlich fest!

* * *

das Körperfett, die Muskelmasse vergrößert sich. Auch die Leistung des Herz-Kreislauf-Systems wird stabilisiert, das Fassungsvermögen der Lunge vergrößert und dadurch die Sauerstoffaufnahme verbessert, was eine höhere Denkfähigkeit bewirkt und so ein besseres Lebensgefühl vermittelt.

Jeden Tag ein bisschen! »Mindestens eine halbe Stunde pro Tag« lautet die Devise! Jeden Tag eine kleine

Das Programm individuell anpassen

Jetzt, wo Sie wissen, worauf es ankommt, ist es eigentlich ganz einfach, einen schlankmachenden Lebensstil zu pflegen. Selbst wenn Sie berufstätig sind oder öfters unter Zeitmangel leiden, die Trennkost lässt sich in jeder Lebenslage ganz leicht umsetzen.

Es handelt sich nicht um einen starren Ernährungs- und Sportplan, den Sie eins zu eins befolgen müssen. Im Gegenteil: Das Programm lässt individuelle Variationen zu. Entwerfen Sie sich aus der vorher genannten Auswahl von Frühstück bis Abendessen sowie aus dem folgenden Rezeptteil Ihren eigenen, persönlichen Essplan. Suchen Sie sich Ihre Lieblingsspeisen heraus, denn nur Sie selbst wissen, was Ihnen am besten schmeckt und wie viel Zeit Sie für Einkauf und Zubereitung zur Verfügung haben. Und auch bei der Bewegung entscheiden Sie selbst, wann, wie, wo und wie lange Sie aktiv sein möchten.

Sie können sich zusätzlich an dem Beispiel-Wochenplan (Seite 38) orientieren. Darüber hinaus dient die Tabelle »Mein individueller Wochenplan« (Seite 40) als Kopiervorlage. Neben den einzelnen Mahlzeiten werden Tag für Tag auch die Flüssigkeitszufuhr und die Bewegung berücksichtigt. So vergessen Sie nichts beim Erstellen Ihres ganz persönlichen Trennkost-Power-Abnehm-Programms.

Hinweise zu den Rezepten:

- Im Rezeptteil finden Sie zahlreiche Anregungen für einfache und wohlschmeckende Gerichte für jede Gelegenheit.
- Der Rezeptteil gilt für alle vier Wochen des Programms.
- Anhand der Bezeichnungen KH, E und N sowie der Farben (Orange, Blau, Grün) erkennen Sie auf einen Blick, zu welcher Gruppe das jeweilige Gericht gehört.
- Die Rezepte sind nach Mahlzeiten-Rubriken eingeteilt. Bei Mittag- und Abendessen wird zusätzlich zwischen warmen und kalten Gerichten unterschieden. Ob Sie warm oder kalt essen, spielt beim Abnehmen keine Rolle. Entscheiden Sie auch hier nach Ihren eigenen Vorlieben. Und natürlich können Sie auch »Abendessen-Gerichte« mittags zu sich nehmen und umgekehrt.
- Die meisten Rezepte sind für 2 Portionen berechnet. Wenn Sie für sich alleine »trennköstlich« kochen, haben Sie immer einen leckeren Rest für den nächsten Tag. Die meisten Gerichte schmecken auch am Folgetag noch richtig lecker und lassen sich wunderbar transportieren und – wenn nötig – wieder erwärmen.
- Auf Kalorien- und Kohlenhydratangaben wurde ganz bewusst verzichtet. »Abnehmen mit Genuss« hat mit »Essen nach Zahlen« nämlich nichts zu tun.
- Da Kalium eine ganz besondere Wunderwaffe beim Abnehmen ist, sind die Rezepte natürlich sehr kaliumreich.
- Haben Sie Spaß an dieser Ernährungsweise gefunden und wollen Sie sich länger als vier Wochen nach dem Trennkost-Prinzip ernähren, dann spricht nichts dagegen, mit den vorgegebenen Rezepten einfach weiterzumachen.

E

Eiweißhaltig

- ***GEGARTES FLEISCH:*** Bratenfleisch, Rouladen, Gulasch, Steaks, Hackfleisch, Putenschnitzel, Gans, Ente
- ***GEGARTER FISCH:*** Seelachs, Kabeljau, Lachs, Rotbarsch, Heilbutt, Thunfisch, Forelle
- ***ALLE KÄSESORTEN, DIE ERHITZT WURDEN:*** z.B. Edamer, Esrom, FolEpi, Gouda, Havarti, Tilsiter; Milch aller Fettstufen
- ***OBST:*** Ananas, frische Äpfel, Aprikosen, Birnen, Erdbeeren, Granatäpfel, Grapefruits, Himbeeren, Johannisbeeren, Kirschen, Kiwis, Mandarinen, Mangos, Litschis, Orangen, Papayas, Pfirsiche, Pflaumen, Zitronen
- ***GETRÄNKE:*** Obstsäfte, Apfelwein, Weiß-, Rot- und Roséwein, Sekt
- ***SONSTIGES:*** Eier, gekochte Tomaten, Essig, Saitan

KH

Kohlenhydrathaltig

- ***VOLLKORNGETREIDE UND –ERZEUGNISSE:*** Quinoa, Hafer, Gerste, Hirse, Weizen, Roggen, Maisgries, Vollkornbrot, Vollkornbrötchen, Kuchen und Gebäck aus Vollkornmehl, Vollkornnudeln, Nudeln aus Hartweizengrieß, Naturreis, Kartoffeln
- ***OBST:*** Bananen, mürbe Äpfel, frische Feigen, frische Datteln, ungeschwefeltes Trockenobst
- ***SÜSSUNGSMITTEL:*** Ahornsirup, Honig, Birnen- und Apfeldicksaft. Diese Süßungsmittel dürfen in kleinen Mengen auch zum Abschmecken von Eiweißgerichten verwendet werden.
- ***SONSTIGES:*** Kartoffelstärke, Puddingpulver, Bier

Neutrale Lebensmittel

N

Sparsam verwenden!

- ***FETTE:*** Kalt gepresste Öle, Butter, ungehärtete Margarine und Plattenfette, alle gesäuerten und vollfetten Milchprodukte (z. B. Joghurt, saure Sahne, Quark, Frischkäse, Buttermilch, Dickmilch, süße Sahne, Kaffeesahne), Crème fraîche
- ***NEUTRALER KÄSE:*** Alle Käsesorten über 60 % Fett i. Tr. und solche, die aus naturbelassener, roher Milch geschöpft und hergestellt werden (z. B. Allgäuer Emmentaler, Appenzeller, Greyerzer, Raclette, Parmesan, Saint Albray)
- ***ROHE LUFTGETROCKNETE ODER ROHE GERÄUCHERTE WURSTWAREN:*** Bündner Fleisch, roher Schinken, Lachsschinken, Salami, Debrecziner, Tatar (rohes Fleisch nur ganz frisch verwenden!)
- ***ROHE, MARINIERTE ODER GERÄUCHERTE FISCHSORTEN:*** Räucherlachs, Matjeshering, Bismarckhering, Schillerlocken, Forelle, Makrele, Aal, Bückling, Heilbutt
- ***NÜSSE UND SAMEN:*** Haselnüsse, Walnüsse, Mandeln, Kokosnuss, Sonnenblumenkerne, Sesam, Mohn, Chiasamen, Hanfsamen(mehl). (Erdnüsse meiden, sie sind schwer verdaulich.)
- ***MILDE ESSIGSORTEN:*** Obstessig, Brottrunk, Feigenessig, sehr alter Balsamico, vergorenes Molkekonzentrat (Molkosan)

Reichlich verwenden

- ***GEMÜSE UND SALATE:*** Artischocken, Auberginen, Avocados, Blumenkohl, Brokkoli, Chicorée, Chinakohl, Eisbergsalat, Endiviensalat, Feldsalat, Fenchel, grüne Bohnen, grüne Erbsen, Grünkohl, Gurken, Knoblauch, Kohlrabi, Kopfsalat, Lauch, frischer Mais, Mangold, Möhren, Paprika, Pastinaken, Peperoni, Radieschen, Rettich, Rosenkohl, Rote Bete, Rotkohl, Sauerkraut, Schwarzwurzel, Sellerie, Spargel, Spinat, rohe Tomaten, Weißkohl, Wirsing, Zucchini, Zwiebeln
- ***PILZE:*** Austernpilze, Champignons, Pfifferlinge, Steinpilze oder andere Waldpilze
- ***SPROSSEN UND KEIME:*** Mungobohnenkeimlinge, Alfalfa, Radieschensprossen oder andere Keimlinge
- ***SONSTIGES:*** Sojaprodukte, Sojacreme, Tofu, Lupine, Rosinen, Heidelbeeren, Melonen, Oliven, Hefe, Gemüsebrühe, Eigelb, Gelatine, Agar-Agar, Bindobin, Konjak-Nudeln, Kräuter, Gewürze, Senf, Kräutertees, Stevia

Beispiel-Wochenplan

An diesem Muster-Plan für eine Woche können Sie sich orientieren, wenn es Ihnen hilft.

	Montag	Dienstag	Mittwoch
Getränke (ganzer Tag)	Schwarzer Kaffee + Tee (max. 4 Tassen) + Wasser; Tagesziel: 2 Liter	Kaffee mit Kaffeesahne + verdünnter Obstsaft + Wasser; Tagesziel: 2 Liter	Tee mit Sahne + Was Tagesziel: 2 Liter
Frühstück	Overnight Oats mit Ricotta und Melone (Seite 45)	Schinken-Rührei auf Butterbrot (Seite 53)	Obstfrühstück aus Ananas, Erdbeeren, Kiwis und Äpfeln
Vormittags-Snack (falls gewünscht)	Rohkost-Sticks (1 Paprika)	1 Banane	150 ml Buttermilch
Mittagessen	Mozzarella-Paprika-Zucchini-Couscous (Seite 67)	Indisches Hähnchencurry (Seite 62)	Lachsbrötchen mit Gurken-Dill-Salsa (Seite 91)
Nachmittags-Snack (falls gewünscht)	150 ml Kefir	Rohkost-Sticks (½ Gurke)	100 g Trauben
Abendessen	Eier-Lachsrolle im Salatbett (Seite 100)	Bulgurpfanne mit Tahina-Sesampaste (Seite 98)	Bunter Bohnensalat mit Käse und Birne (Seite 94)
Bewegungsprogramm (ganzer Tag)	Viele kleine Übungen zwischendurch (siehe Bewegungstipps)	Mit dem Fahrrad zum Job und zum Einkaufen	Fitness-Kurs, z. B. Tanzen, Aerobic

Donnerstag	Freitag	Samstag	Sonntag
ee pur + Wasser; agesziel: 2 Liter	Schwarzer Kaffee + Tee (max. 4 Tassen); Tagesziel: 2 Liter	Kaffee mit Kaffeesahne + Wasser; Tagesziel: 2 Liter	Kaffee mit Kaffeesahne + Wasser + verdünnter Obstsaft; Tagesziel: 2 Liter
⁄lüsli aus 40 g Getreieflocken mit 125 g Naurjoghurt	2 hartgekochte Eier mit Rohkost (Tomate, Gurke, Paprika)	Pancakes mit Heidelbeeren (Seite 48)	Mandarinenquark mit Ingwer (Seite 48)
getrocknete Pflauıen	1 Naturjoghurt mit Beeren und Chiasamen	1 frischer Apfel	1 Stück Melone
:alienischer Farroalat (Seite 89)	Schlemmer-Fischfilet mit Kürbisstampf (Seite 56)	Grüne Kräuter-Kartoffelpfanne mit Schafskäse (Seite 66)	Barbecue-Grillsteak mit Gemüsesticks (Seite 57)
Stück Melone	½ Avocado	Rohkost-Sticks (1 Tomate)	150 ml Buttermilch
ucchinispaghetti mit omaten-Hackbällchen Seite 112)	Kalte Pasta mit rosa Ricotta-Sauce (Seite 102)	180 g Fleisch nach Wahl mit 400 g Gemüse/Salat nach Wahl	Selleriesticks in Currysauce mit Reis (Seite 119)
'iele kleine Übungen wischendurch (siehe ewegungstipps)	Mit dem Fahrrad zum Job und zum Einkaufen + Schwimmen	Viele kleine Übungen zwischendurch (siehe Bewegungstipps)	Ein ausgedehnter Sonntagsspaziergang

Mein individueller Wochenplan

Einfach den Plan mehrfach kopieren und für jede Woche selbst ausfüllen. Auch Flüssigkeitszufuhr und Bewegungsprogramm schriftlich fixieren. Abhaken am Ende macht glücklich!

	Montag	**Dienstag**	**Mittwoch**
Getränke (ganzer Tag)			
Frühstück			
Vormittags-Snack (falls gewünscht)			
Mittagessen			
Nachmittags-Snack (falls gewünscht)			
Abendessen			
Bewegungsprogramm (ganzer Tag)			

Donnerstag	Freitag	Samstag	Sonntag

Schlanke Rezepte

Overnight Oats mit Ricotta und Melone

KH

Für 2 Portionen
► gut vorzubereiten
5 Min.+ Einweichzeit über Nacht

80 g Haferflocken
200 ml Sojamilch
2 TL Stevia GrooVia
(oder 1½ EL Honig)
250 g Wassermelone
150 g Ricotta

Haferflocken zusammen mit Sojamilch in einer kleinen Schüssel mischen und mit Stevia bzw. Honig süßen. Melone in kleine Würfel schneiden. Die eingeweichten Haferflocken jeweils in ein Schraubglas geben, dann Ricotta und Melonenstückchen daraufschichten. Die Gläser verschließen und über Nacht in den Kühlschrank stellen. Am nächsten Morgen alles miteinander verrühren und frisch genießen.

Früh-stück

warm und kalt

Paprika-Chili-Marmelade

KH

Für 3 Gläser à 200 ml ► gut vorzubereiten
35 Min.

500 g rote Paprikaschoten
½ Chilischote
160 g Honig
½ TL Meersalz
3 EL Wasser
3 EL Gelfix 2:1

➤ Paprikaschoten halbieren, entkernen, waschen und in grobe Würfel schneiden. Chilischote entkernen und klein schneiden. ➤ Paprika und Chili zusammen mit Honig, Salz und Wasser in einen Topf geben, langsam erwärmen, dabei mehrmals umrühren, dann zugedeckt in 12 Min. weich kochen. ➤ Gelfix zugeben, alles fein pürieren und 3 Min. sprudelnd zu einer dickflüssigen Marmelade einkochen. Anschließend in sterilisierte Gläser füllen und den Deckel schließen.

TIPP Diese süß-scharfe Chili-Marmelade schmeckt wunderbar auf einem Brot mit Frischkäse oder zusammen mit Joghurt.

Ziegenkäse-Walnuss-Aufstrich

N

Für 10 Portionen ► gut vorzubereiten
15 Min.

1 Zweig Rosmarin
3 Zweige Thymian
30 g Walnüsse
1 kleine Tomate
200 g Camembert
200 g Ziegenfrischkäse
1 Walnusshälfte zum Garnieren

➤ Rosmarin und Thymian von den Stielen streifen und fein hacken. Walnüsse grob hacken. ➤ Tomate waschen, Stielansatz und Kerne entfernen und Fruchtfleisch in kleine Stücke schneiden. ➤ Camembert in Stücke schneiden und zusammen mit Frischkäse, Rosmarin, Thymian, Tomatenstücken und Walnüssen in ein hohes Gefäß geben und alles mit dem Schneidstab fein pürieren. ➤ Den Ziegenkäse-Walnuss-Aufstrich in eine kleine Glasschüssel geben und mit einer Walnusshälfte garnieren. Zusammen mit einem kräftigen Bauernbrot servieren.

TIPP Der Aufstrich passt nicht nur gut zu Brot, sondern auch zu Pellkartoffeln oder als Dip zu Gemüse.

Granola Knuspermüsli

KH

Für 6 Portionen ► gut vorzubereiten
15 Min. + 50 Min. Backzeit

100 g ungeschälter Sesam
100 g geschälte Mandeln
100 g Haselnüsse
200 g Haferflocken
20 g Kokosflocken
100 g Sonnenblumenkerne
200 g Honig
50 ml Öl
50 ml Wasser
1 Pr. Meersalz
100 g Rosinen
150 ml Kefir

Sesam in einer Pfanne ohne Fett unter Rühren leicht rösten, dann beiseitelegen. Mandeln und Haselnüsse in einen Gefrierbeutel geben und mit einem Fleischhacker grob zerkleinern. Backofen auf 150 °C vorheizen. Haferflocken in eine Schüssel geben. Sesam, Nüsse, Kokosflocken und Sonnenblumenkerne untermischen, dann alles zusammen mit Honig, Öl, Wasser und Salz zu einer zähen Masse verkneten. Haferflocken-Nuss-Mischung auf einem mit Backpapier ausgelegten Kuchenblech verteilen und im Ofen 45–50 Min. backen. Zwischendurch die Müslimischung immer wieder umrühren, um sie krümelig zu machen. Das Knuspermüsli aus dem Ofen nehmen und abkühlen lassen. Rosinen untermischen und alles in einer gut verschließbaren Dose aufbewahren. Portionsweise in eine Müslischale geben und mit Kefir mischen.

TIPP Statt Kefir können Sie auch Buttermilch, Joghurt, Mandelmilch, Sojamilch oder Reismilch verwenden. Oder alternativ ein Sahne-Wasser-Gemisch, bestehend aus einem Drittel Sahne und zwei Dritteln Wasser. Noch sättigender wird das Müsli durch die Zugabe einer kleinen Banane.

Pancakes mit Heidelbeeren

KH

Für 2 Portionen ► geht schnell
15 Min.

100 g feines Dinkelvollkornmehl
1 TL Weinstein-Backpulver
½ TL Natron
200 ml ungesüßte Kokosmilch aus der Dose
1 Eigelb
1 Pr. Meersalz
3 EL Sonnenblumenöl
3 EL Ahornsirup
150 g Heidelbeeren, frisch oder tiefgekühlt

Mehl mit Backpulver und Natron vermischen und mit Kokosmilch, 10 EL Wasser, Eigelb und Salz zu einem glatten Teig verrühren, 5 Min. quellen lassen. Etwas Öl in einer beschichteten Pfanne erhitzen und pro Pancake jeweils 2 EL Teig hineingeben und bei starker Hitze von jeder Seite 1–2 Min. backen. Aus dem restlichen Öl und dem übrigen Teig weitere Pancakes backen. Mit Ahornsirup beträufeln und zusammen mit den Heidelbeeren servieren.

Mandarinenquark mit Ingwer

E

Für 2 Portionen ► geht schnell
15 Min.

10 Mandeln, geschält
1 Stück Ingwer, haselnussgroß
5 Mandarinen
250 g Quark, 20 % Fett i.Tr.
1 TL Stevia GrooVia
(oder 2 EL Obstdicksaft)

Mandeln grob hacken, in einer Pfanne ohne Fett kurz rösten, dann beiseitelegen. Ingwer schälen und fein hacken. Zwei Mandarinen auspressen, die restlichen Mandarinen schälen, in Spalten teilen, dann in Stücke schneiden. Mandarinensaft mit dem Quark verrühren, Mandarinenstückchen und Ingwer unterheben. Alles mit Stevia GrooVia bzw. Obstdicksaft süßen. Mit den gerösteten Mandeln bestreut servieren.

Pancakes mit Heidelbeeren

Shakshouka

E

Für 2 Portionen ► gelingt leicht
30 Min.

1 kleine rote Zwiebel
400 g rote Paprikaschoten
1 EL Olivenöl
400 g Tomaten
2 EL Ajvar (Paprika-Würzpaste) oder 2 EL Paprikamark
Meersalz
½ TL Cumin
½ TL Sumach (Gewürz), ersatzweise 1 TL Zitrone
1 TL Paprikapulver, rosenscharf
2 große Eier
2 Zweige Petersilie, gehackt
2 EL Joghurt

Zwiebel abziehen und fein hacken. Paprika putzen und in feine Würfel schneiden. Öl in einer Pfanne erhitzen und Zwiebeln darin glasig dünsten. Paprikawürfel dazugeben und kurz mit schmoren lassen. Tomaten waschen, von den Stielansätzen befreien und in kleine Stücke schneiden. Tomaten, Ajvar oder Paprikamark zu den Paprikawürfeln in die Pfanne geben und unterrühren. Mit Salz, Cumin, Sumach bzw. Zitronensaft und Paprikapulver würzen. Alles 10 Min. leicht köcheln lassen, bis die Sauce deutlich eingedickt ist. Mit einem Esslöffel zwei Vertiefungen in die Sauce drücken und jeweils ein Ei hineinschlagen. Mit Salz würzen. Zugedeckt bei mittlerer Hitze garen, bis das Eiklar fest, aber das Eigelb noch weich ist. Dann auf zwei Teller geben, mit der Petersilie bestreuen und mit je einem Klecks Joghurt anrichten.

TIPP Essen Sie dazu je eine Scheibe Eiweißbrot (Seite 79).

Erdbeer-Mango-Smoothie

E

Für 2 Portionen ► gelingt leicht
15 Min.

150 g Erdbeeren, frisch oder tiefgekühlt
250 g Mango, ohne Schale und Kern
250 g griechischer Joghurt
1 EL Zitronensaft
1 EL Stevia GrooVia
(oder 2 EL Akazienhonig)
6 Eiswürfel

Erdbeeren putzen, waschen und in kleine Stücke schneiden. Tiefgekühlte auftauen lassen. Mango schälen, den Kern entfernen und das Fruchtfleisch grob würfeln. Erdbeeren und Mango zusammen mit Joghurt, Zitronensaft, Stevia bzw. Honig in ein hohes Gefäß geben und mit einem Mixstab fein pürieren. Anschließend in Gläser füllen, Eiswürfel zugeben und sofort servieren.

TIPP Machen Sie aus dem Smoothie ein leckeres Milchmix-Getränk für 4 Portionen, indem Sie 600 ml Milch zugeben und alles nochmals kräftig mixen. Je nach Geschmack etwas nachsüßen.

Quinoa-Müsli mit Heidelbeeren

KH

Für 2 Portionen ► gelingt leicht
5 Min.+ 20 Min. Kochzeit

100 g weißer Quinoa
50 ml Sahne
1 kleine Zimtstange
1 TL Stevia GrooVia (oder 1 EL Honig)
150 g Heidelbeeren,
frisch oder tiefgekühlt
2 EL Joghurt

Quinoakörner mehrere Male heiß abspülen. 175 ml Wasser zusammen mit der Sahne in einem Topf zum Kochen bringen. Quinoa zusammen mit der Zimtstange in den Topf geben und zugedeckt bei schwacher Hitze 18–20 Min. garen. Zwischendurch umrühren. Zimtstange entfernen und Stevia bzw. Honig unterrühren. Quinoa in 2 Frühstücksschalen geben, je 1 EL Joghurt unterrühren und die Heidelbeeren darüber verteilen. Warm oder kalt servieren.

Schinken-Rührei auf Butterbrot

E

Für 2 Portionen ► gelingt leicht
15 Min.

30 g Rinderschinken
1 Frühlingszwiebel
4 Eier
3 EL Mineralwasser
Meersalz
2 TL Öl
2 Tomaten
2 Scheiben Eiweißbrot
2 EL Butter

Schinken in kleine Würfel schneiden. Frühlingszwiebel putzen, das Weiße klein würfeln, das Grün in schräge Röllchen schneiden. Eier mit Mineralwasser verquirlen und mit Meersalz leicht würzen. Öl in einer beschichteten Pfanne erhitzen, Schinken und Zwiebeln darin anbraten. Die Eier darübergießen und stocken lassen. Eiermasse zusammenschieben und zu einem Rührei fertig backen. Tomaten waschen, von den Stielansätzen befreien und in schmale Spalten schneiden. Brotscheiben mit Butter bestreichen, die Rühreier darauf verteilen. Zusammen mit den Tomatenspalten anrichten.

Tagliatelle mit Brokkoli-Pesto

KH

Für 2 Portionen
► gelingt leicht
30 Min.

2 EL Pinienkerne › 1–2 Knoblauchzehen › 8 Mandeln ohne Haut › 80 g Brokkoli › 2 EL Olivenöl › 2 EL Parmesan › 160 g Nudeln ohne Ei (z. B. Tagliatelle) › 4 Fleischtomaten › Meersalz › Pfeffer

Pinienkerne in einer Pfanne ohne Fett kurz rösten, dann zur Seite stellen. Knoblauch schälen und fein würfeln, Mandeln grob hacken. Brokkoliröschen in wenig Salzwasser 3 Min. blanchieren, aus dem Wasser nehmen und mit Knoblauch, Mandeln, Öl und Parmesan pürieren. Pesto etwas salzen. Nudeln bissfest garen, dann abtropfen lassen, mit Pesto vermischen und Pinienkernen bestreuen. Tomaten in schmale Spalten schneiden und mit Pfeffer und Salz würzen.

Mittagessen warm

Schlemmer-Fischfilet mit Kürbisstampf

E

Für 2 Portionen ► braucht etwas mehr Zeit
35 Min. + 40 Min. Kochzeit

Für den Kürbisstampf: **½ kleiner Butternut-Kürbis (500 g) › 1 EL Olivenöl › 2 Zweige Thymian › 2 TL Butter › Meersalz**
Für das Gemüse: **600 g Brokkoli › ½ Chilischote › 1 Knoblauchzehe › 2 EL Olivenöl › 1 TL Sesamöl › 2 EL Zitronensaft › 2 EL Sojasauce**
Für den Fisch: **2 Fischfilets à 180 g (z. B. Rotbarsch, Kabeljau oder Seelachs) › 2 EL Fenchelsamen › 2–3 EL Olivenöl › Pfeffer › Meersalz**

Kürbis der Länge nach halbieren, entkernen und Fruchtfleisch mit einem Messer mehrfach einschneiden. Die Kürbishälfte mit der Schnittfläche nach oben auf ein Backblech geben, mit Öl beträufeln und mit Salz und Thymian würzen. Im Backofen (200 °C) etwa 40 Min. backen, bis der Kürbis weich ist. Anschließend leicht auskühlen lassen, dann das Fruchtfleisch mit einem Löffel herausnehmen und zusammen mit der Butter zerstampfen. Brokkoli putzen und in kleine Röschen schneiden. Die Stiele schälen. Brokkoli im kochenden Salzwasser bissfest garen, danach aus dem Wasser heben und abtropfen lassen. Kochwasser aufheben. Für die Marinade die Chilischote sehr fein hacken. Knoblauch pressen. Olivenöl, Sesamöl, Zitronensaft, Sojasauce und 5 EL Brokkolibrühe mit Chili und Knoblauch vermischen. Das Gemüse mit der Sauce marinieren. Fischfilets kurz abspülen, trockentupfen, mit Pfeffer und Salz würzen und mit Fenchelsamen bestreuen. Olivenöl in einer Pfanne erhitzen, Fisch darin von beiden Seiten goldbraun braten. Alles zusammen servieren.

Barbecue-Grillsteak mit Gemüsesticks

E

Für 2 Portionen, Sauce für 12 Portionen ► gut vorzubereiten
30 Min. + 15 Min. Kochzeit

10 g getrocknete Pilze › 1 saftiger Apfel › 200 g frische Ananas › 400 g Tomaten › 1 rote Zwiebel › 2–3 Knoblauchzehen › 1 EL Olivenöl › 75 ml Rotwein › 1–2 TL Honig › 5 EL Balsamico-Essig › 2 EL Tomatenmark › 1 EL Tahina-Sesampaste › 2 TL Curry › etwas Chilipulver nach Geschmack › 600 g verschiedene Gemüsesorten, z. B. Möhren, Gurken, Paprika › 2 Rindersteaks à 180 g › Meersalz › Pfeffer

» Getrocknete Pilze mit kochendem Wasser übergießen, 10 Min. quellen lassen. » Apfel schälen und in Stücke schneiden. Ananas-Fruchtfleisch grob würfeln. Tomaten mit kochendem Wasser überbrühen, häuten, in Stücke schneiden. Zwiebel und Knoblauch fein hacken. » Öl in einem Topf erhitzen. Zwiebel und Knoblauch darin unter Wenden braten. Apfelwürfel zugeben und kurz mit dünsten. Dann Ananaswürfel zugeben, alles unter Rühren scharf braten. Mit Rotwein löschen. Tomaten, Pilze und 75 ml Pilzwasser dazugeben und aufkochen lassen. » Honig, Essig, Tomatenmark, Sesampaste, Salz, Curry und Chilipulver unterrühren und die Sauce bei leicht geöffnetem Topf 15 Min. köcheln lassen. Anschließend abkühlen lassen. » Rohkost waschen, ggf. schälen und in fingerdicke Stifte schneiden. » Fleisch abspülen, trockentupfen, salzen und pfeffern und auf dem heißen Grill von jeder Seite etwa 3 Min. grillen. Alles zusammen servieren.

TIPP Sie können die Hälfte der Barbecue-Sauce direkt nach dem Kochen in einem kleinen Schraubglas einwecken.

Thai-Gemüsepfanne mit Lachstalern

E

Für 2 Portionen ► gelingt leicht
30 Min.

1 TL Korianderkörner › 330 g frisches Lachsfilet › 70 g gebeizter Lachs › 1 TL Öl › 300 g Zucchini › 1 große rote Paprika › 1 große gelbe Paprika › 1 kleines Bund Lauchzwiebeln › 1 Stück Ingwer, walnussgroß › 100 g Sojabohnensprossen › 2 EL Sesamöl › 1–2 EL Sojasauce › 1 EL Zitronensaft › Pfeffer › Meersalz › Chiliflocken

➤ Korianderkörner in einem Mörser grob zerstoßen, dann zur Seite stellen. ➤ Zucchini, Paprika und Lauchzwiebeln putzen, abspülen und in dünne Streifen von etwa 5 cm Länge schneiden. Ingwer schälen und fein hacken. Sprossen mit heißem Wasser abspülen. ➤ Den frischen Lachs abbrausen, mit Küchenpapier trockentupfen und eventuelle Gräten entfernen. ➤ Den frischen und den gebeizten Lachs in grobe Stücke schneiden, in einen Mixer geben und mit Intervall zerkleinern, aber nicht zu einem Püree werden lassen. Mit Pfeffer und Korianderkörnern würzen. ➤ Aus dem Teig 4 flache Taler formen und im heißen Öl von jeder Seite etwa 3 Min. knusprig braten. ➤ Sesamöl in einer großen Pfanne erhitzen. Das kleingeschnittene Gemüse und Ingwer darin unter Rühren 2 Min. braten. Die Sprossen zugeben und weitere 1–2 Min. garen. Mit Sojasauce und Zitronensaft würzen. Mit Chiliflocken bestreuen und zusammen mit den Lachstalern servieren.

TIPP Gemüse und Lachstaler schmecken auch kalt sehr gut. Sie können das Gericht daher gut mit an den Arbeitsplatz nehmen.

Pikantes Tomaten-Erbsen-Gemüse mit Hähnchen

E

Für 2 Portionen ► braucht etwas mehr Zeit
30 Min.

1 Zwiebel
2 Knoblauchzehen
1 Stück Ingwer, haselnussgroß
350 g Tomaten
2 EL Öl
1½ EL Garam Masala (indisches Gewürz)
1 EL gemahlener Kurkuma
1 EL gemahlener Koriander
1 EL Tomatenmark
50 ml Sahne
350 g Erbsen, frisch oder tiefgekühlt
2 Hähnchenbrustfilets à 180 g
1 TL Paprikapulver, rosenscharf
Pfeffer
Meersalz

➤ Zwiebel, Knoblauch und Ingwer schälen und fein hacken. ➤ Tomaten mit kochendem Wasser überbrühen, häuten, dann in kleine Würfel schneiden. ➤ 1 EL Öl in einem Topf erhitzen und das Zwiebel-Knoblauch-Ingwer-Gemisch darin unter Rühren dünsten. Die Gewürze untermischen. ➤ Die gehackten Tomaten und das Tomatenmark zugeben und so lange köcheln lassen, bis die Masse sämig wird. ➤ Sahne unterrühren, Erbsen dazugeben und zugedeckt etwa 10 Min. köcheln lassen, bis die Erbsen gar sind. Das Gemüse mit Salz abschmecken. ➤ In der Zwischenzeit die Hähnchenbrustfilets kurz waschen, mit Küchenpapier abtrocknen und mit Pfeffer, Salz und Paprikapulver würzen. Das restliche Öl in einer Pfanne erhitzen und das Fleisch darin von beiden Seiten je 3–4 Min. braten. ➤ Fleisch zusammen mit dem Tomaten-Erbsen-Gemüse servieren.

Asiatische Reisnudeln mit Möhren-Ingwer-Curry

KH

Für 2 Portionen ► gelingt leicht
30 Min.

Für den Salat: **1 großer Apfel › 4 Möhren › 2 EL Sahne › einige Tropfen Stevia flüssig (alternativ 1 TL Ahornsirup oder Honig) › Meersalz**
Für das Curry: **2 EL Kokosraspel › 1 Zwiebel › 1 kleines Stück Ingwer, walnussgroß › 3 Möhren › 1 EL Butter › 200 ml ungesüßte Kokosmilch › 2 TL gelbe Currypaste › Cayennepfeffer › Meersalz › ½ TL Ahornsirup oder Honig › 120 g feine Reisnudeln**

Apfel nach Belieben schälen, vierteln, vom Kerngehäuse befreien. Möhren waschen und schälen. Apfelstücke und Möhren in einem Mixer zerkleinern oder auf einer Rohkostreibe fein raspeln. Sahne unterrühren. Mit Stevia bzw. Ahornsirup oder Honig und etwas Salz würzen. Für das Curry die Kokosraspel in einer Pfanne ohne Fett kurz rösten, dann beiseitestellen. Zwiebel und Ingwer schälen und fein würfeln. Möhren waschen, putzen und in feine Würfel schneiden. Butter in einer Pfanne schmelzen lassen, Zwiebel, Ingwer und Möhren darin unter Rühren 3–4 Min. braten. Kokosmilch zugießen, mit Currypaste, Cayennepfeffer, Salz und Ahornsirup bzw. Honig fein würzen. Alles kurz aufkochen lassen und bei schwacher Hitze 2 Min. köcheln lassen. Die Reisnudeln nach Packungsangabe in leicht kochendem Wasser garen, abgießen und heiß abspülen. Die Möhren-Kokos-Sauce darauf anrichten, mit Kokosraspel bestreuen und zusammen mit dem Möhrensalat servieren.

Indisches Hähnchencurry mit Salat

E

Für 2 Portionen ► exotische Zutaten
30 Min.

Für das Hähnchencurry: **1 Zwiebel › 1–2 Knoblauchzehen › 1 Stück Ingwer, haselnussgroß › ½ Ananas › 300 g Hähnchenbrust › 1½ EL Öl › 4 gehackte Kardamom-Kapseln (oder 1 TL Kardamom) › 1 EL Garam Masala (indisches Gewürz) › 1 TL gestoßene Korianderkörner › 1 EL Kurkuma › 1 TL Honig › 150 ml Gemüsebrühe › 100 g saure Sahne › 1 TL Bindobin (Johannisbrotkernmehl) › 1–2 TL Chiliflocken**

Für den Salat: **1 Kopfsalat › 16 Kirschtomaten › 2 EL gehackte Petersilie › 2 EL Öl › 2 EL weißer Balsamico-Essig › 4 EL Wasser › Pfeffer › Kräutersalz**

Zwiebel, Knoblauch und Ingwer schälen und fein hacken. Ananas-Fruchtfleisch würfeln. Fleisch waschen, trockentupfen, in mundgerechte Stücke schneiden. Öl in einer Pfanne erhitzen und Fleisch von allen Seiten braun braten. Zwiebel-, Knoblauch- und Ingwerwürfel dazugeben, unter Rühren braten. Gewürze, Honig, Ananas, Gemüsebrühe und saure Sahne unterrühren und zugedeckt 10 Min. schwach kochen lassen. Mit Bindobin leicht andicken. In der Zwischenzeit den Salat waschen, trocknen und in Stücke schneiden. Tomaten waschen und halbieren. Für das Dressing die gehackte Petersilie mit Öl, Essig, Wasser, Pfeffer und Kräutersalz verrühren. Salat und Tomaten mit dem Dressing anrichten. Hähnchencurry mit Chiliflocken bestreuen und mit dem Salat servieren.

Gemüsemix mit Kurkuma-Senf-Sauce und Rührei

E

Für 2 Portionen ► geht schnell
25 Min.

600 g Mischgemüse ohne Rahmsauce, Tiefkühlkost
1 mittelgroße Zwiebel
1–2 Knoblauchzehen
1 EL Öl
150 ml Gemüsebrühe
1 EL weißer Balsamico-Essig
1–2 TL Dijon-Senf
1 TL Kurkuma
2 EL saure Sahne
4 Eier
2 TL Butter
Meersalz
Pfeffer

Gemüse zusammen mit 3 EL Wasser und etwas Salz in einen Topf geben, auf höchster Stufe erhitzen, dann 7–9 Min. bei mittlerer Hitze garen. Zwischendurch mehrmals umrühren. Für die Sauce Zwiebel und Knoblauch schälen und in kleine Würfel hacken. Öl in einem Kochtopf erhitzen und Zwiebel- und Knoblauchwürfel darin goldgelb dünsten. Gemüsebrühe zugießen, einmal aufkochen lassen, dann den Topf vom Herd nehmen und alles mit dem Stabmixer pürieren. Essig, Senf, Kurkuma und saure Sahne unter Rühren zugeben. Die Sauce mit Pfeffer und Salz abschmecken. Eier mit Pfeffer und Salz in einer Schüssel gut verquirlen. Butter in einer beschichteten Pfanne schmelzen lassen, die Eier hineingeben und bei mittlerer Hitze stocken lassen. Das Gemüse mit der Sauce beträufeln und zusammen mit den Rühreiern servieren.

TIPP Essen Sie eine Portion direkt und nehmen Sie die zweite Portion am nächsten Tag mit an den Arbeitsplatz, da dieses Gericht auch kalt wunderbar schmeckt.

Spanisches Gemüseragout mit Bratwurstbällchen

E

Für 2 Portionen ► gelingt leicht
25 Min. + 15 Min. Kochzeit

1 gelbe Paprikaschote
1 rote Paprikaschote
1 kleine Aubergine
1 Zucchini
1 Zwiebel
2–3 Knoblauchzehen
2 Tomaten
1½ EL Olivenöl
je 1 EL Rosmarin + Thymian, frisch gehackt
4 ungebrühte Geflügelbratwürste à 80 g
1 Zweig Basilikumblättchen
Meersalz
Pfeffer

➤ Paprikaschoten halbieren, von Trennwänden und Kernen befreien und in Stücke schneiden. ➤ Aubergine putzen, waschen und in 1 cm dicke Scheiben schneiden. Die Scheiben mit Salz bestreuen, 10 Min. ziehen lassen, danach mit Küchenpapier trockentupfen. ➤ Zucchini waschen und in grobe Würfel schneiden. Zwiebel und Knoblauch schälen und beides fein würfeln. Die Stielansätze der Tomaten entfernen, Tomaten überbrühen, häuten und in grobe Stücke schneiden. ➤ Öl in einer großen Pfanne erhitzen. Zwiebel- und Knoblauchwürfel darin anbraten. Paprika, Auberginen, Zucchini und Tomatenstücke zugeben. Mit Rosmarin, Thymian, Pfeffer und Salz würzen. Das Gemüse unter gelegentlichem Umrühren etwa 15 Min. bei schwacher Hitze schmoren lassen. ➤ In der Zwischenzeit das Bratwurstbrät aus der Haut drücken und zu etwa 20 Bällchen formen. Brätbällchen in heißem Öl unter Wenden 3 Min. braten, anschließend zum Gemüse geben. Mit den Basilikumblättchen bestreut servieren.

Grüne Kräuter-Kartoffel-pfanne mit Schafskäse

KH

Für 2 Portionen ► braucht etwas mehr Zeit
30 Min. + 30 Min. Backzeit

Für die Röstkartoffeln: **400 g kleine Kartoffeln › 2 EL Olivenöl › Meersalz**
Für die Kräutersauce: **1 kleines Bund gemischte Kräuter (Salbei, Basilikum, glatte Petersilie) › 125 g griechischer Joghurt › Kräutersalz**
Für das grüne Gemüse: **1 TL ungeschälter Sesam › 2 Frühlingszwiebeln › 200 g grüner Spargel › 300 g Zucchini › 150 g Zuckerschoten › 1 EL Olivenöl › 3 Zweige frischer Majoran › 100 g Schafskäse › Pfeffer › Meersalz**

Kartoffeln gründlich waschen und mit Schale vierteln. Die Schnittflächen mit Öl bestreichen, leicht salzen, auf ein Backblech geben und bei 200 °C im Backofen 30 Min. backen. Für die Kräutersauce die Kräuter verlesen und fein hacken. Mit Joghurt verrühren, mit Kräutersalz würzen, dann kalt stellen. Sesam in einer Pfanne ohne Fett kurz rösten, dann beiseitelegen. Frühlingszwiebeln putzen und schräg in feine Scheiben schneiden. Das untere Ende vom Spargel abbrechen. Spargel kleinschneiden. Restliches Gemüse putzen, waschen und in kleine Stücke schneiden. Öl in einer Pfanne erhitzen und das Gemüse darin unter Rühren bissfest braten. Kartoffeln aus dem Ofen nehmen und unterrühren. Mit Pfeffer, Salz und Majoran würzen. Schafskäse darüber zerbröseln und mit Sesam bestreuen. Zusammen mit der Kräutersauce servieren.

Mozzarella-Paprika-Zucchini-Couscous

KH

Für 2 Portionen ► gelingt leicht
30 Min.

2 Einmachgläser mit Bügelverschluss
2 rote Paprikaschoten
250 g Zucchini
3 EL Olivenöl
2 Knoblauchzehen
150 g Couscous
1 EL Abrieb einer unbehandelten Zitrone
Meersalz
2 Kugeln Mozzarella
2 Zweige Zitronenmelisse, grob gehackt

Backofen auf 200 °C vorheizen. Paprikaschoten putzen, waschen, in breite Streifen schneiden, Zucchini waschen und in Scheiben schneiden. Gemüse auf ein Backblech legen und mit etwas Öl beträufeln. Knoblauch abziehen, in feine Scheibchen schneiden und auf dem Gemüse verteilen. Im Backofen etwa 18–20 Min. braten. Anschließend leicht auskühlen lassen, nach Belieben die Haut abziehen. Paprika in Stücke schneiden. In der Zwischenzeit Couscous in 450 ml Wasser einstreuen und einmal kurz aufkochen lassen. Bei ausgeschalteter Herdplatte zugedeckt 5–8 Min. ausquellen lassen. Couscous mit Zitronenschale, 1 EL Öl und Salz vermischen und in die Einmachgläser füllen. Mozzarella in kleine Stücke zupfen und mit Salz würzen. Paprikastücke, Zucchinischeiben, Mozzarella und Zitronenmelisse auf den Couscous geben und warm servieren. Zum Mitnehmen das Glas gut verschließen und kühl aufbewahren.

Mittagessen kalt

Bunter Eiersalat

E

Für 2 Portionen
► gelingt leicht
25 Min.

4 Eier › 1 Salatherz › 1 Bund Rucola › 1 große Fleischtomate › 250 g Salatgurke › 1 Bund Radieschen › 1 rote Zwiebel › 50 g Rinderschinken › 150 g Joghurt › 1 TL Senf › Kräutersalz › Pfeffer › 1 TL Curry

Eier hart kochen, abschrecken und abkühlen lassen. Salat und Rucola waschen und in Stücke schneiden. Etwas Rucola beiseitelegen. Tomate waschen und grob würfeln. Gurke schälen und in kleine Würfel schneiden. Radieschen waschen und in Scheiben hobeln. Zwiebel in feine Ringe schneiden. Schinken fein würfeln. Eier schälen und vierteln. Alles auf einer Platte anrichten. Joghurt und Senf verrühren, mit Salz, Pfeffer und Curry abschmecken. Die Sauce über den Salat geben und mit Rucola bestreuen.

Baguette mit Caponata-Füllung

KH

Für 2 Portionen ► gelingt leicht
20 Min.

2 EL Kapern (aus dem Glas) › 2 kleine Selleriestangen › 1 Frühlingszwiebel › 300 g Aubergine › 300 g Zucchini › 6 grüne Oliven ohne Stein › 2 EL Olivenöl › 2 EL Rosinen › 2 EL Pinienkerne › 1 EL Apfelessig › ½ TL Honig › 1 Vollkornbaguette, mittelgroß › Oregano › Pfeffer › Meersalz

Kapern mit Wasser abspülen. Selleriestangen putzen, eventuelle Fäden abziehen und in sehr dünne Scheibchen schneiden. Frühlingszwiebel putzen, waschen, das Weiße in Scheibchen, das Grün in schräge Röllchen schneiden. Aubergine putzen, waschen, der Länge nach vierteln und den weichen inneren Teil der Frucht entfernen. Zucchini waschen, Blüten- und Stielansätze entfernen. Aubergine und Zucchini fein würfeln. Oliven hacken. Olivenöl in einer großen Pfanne erhitzen. Sellerie und Frühlingszwiebel darin unter Rühren dünsten. Oliven, Kapern, Rosinen und Pinienkerne dazugeben und kurz mitbraten. Das restliche Gemüse dazugeben und etwa 15 Min. weiterbraten, bis das Gemüse fast gar ist. Mit Apfelessig und Honig abschmecken. Das Baguette in der Mitte durchschneiden und die Hälften der Länge nach aufschneiden. Das weiche Innere herausnehmen, mit den Händen zerbröseln, zum Gemüse in die Pfanne geben und weitere 5 Min. braten. Mit Oregano, Pfeffer und Salz würzen. Brothälften im Toaster oder Backofen knusprig rösten, Unterhälften mit dem Gemüse belegen und mit den Oberhälften abdecken. Schmeckt warm und kalt.

Tomaten-Bruschetta

KH

Für 2 Portionen ► geht schnell
20 Min.

1 Vollkornbaguette, mittelgroß
3 reife Tomaten
1 kleine Knoblauchzehe
2 Zweige Basilikum
Pfeffer
Meersalz
einige Tropfen Olivenöl

Baguette der Länge nach durchschneiden und die Hälften im Toaster oder Backofen knusprig rösten. Tomaten waschen, vierteln, vom Stielansatz befreien, entkernen und fein würfeln. Knoblauch abziehen und fein hacken. Basilikum waschen und grob zerkleinern. Tomatenwürfel mit Knoblauch und Basilikum mischen, alles mit Pfeffer und Salz würzen. Olivenöl auf die Brotscheiben träufeln, dann die Tomatenmischung darauf verteilen. Mit Basilikumblättchen garniert servieren.

TIPP Essen Sie dazu pro Portion eine Paprikaschote.

Eiweißbrot mit Wurstsalat

E

Für 2 Portionen ► gelingt leicht
15 Min.

200 g Geflügelfleischwurst
2 Gewürzgurken
1 Bund Radieschen
125 g Joghurt
1 EL Mayonnaise
1 TL Senf
1 EL Essig
Kräutersalz
4 Kolben Chicorée
2 Scheiben Eiweißbrot

Fleischwurst in kleine Streifen schneiden. Gewürzgurken fein würfeln. Radieschen waschen und grob hacken. Aus Joghurt, Mayonnaise, Senf, Essig und Kräutersalz eine Sauce rühren und mit den Wurststreifen, Gurken und Radieschen vermischen. Chicorée waschen, den inneren Kern herausschneiden und die Kolben der Länge nach vierteln. Mit Wurstsalat und Brot servieren.

TIPP Das Gericht eignet sich gut zum Mitnehmen am Folgetag. Packen Sie den restlichen Wurstsalat in eine gut verschließbare Box. Geben Sie den Chicorée in einen Gefrierbeutel und schneiden Sie ihn erst kurz vor dem Verzehr auf.

Blumenkohl-Puffer mit Dip und Salat

E

Für 2 Portionen ► gelingt leicht
35 Min.

Für den Dip: **250 g reife Tomaten › 1 kleine Zwiebel › 1 EL Olivenöl › Kräuter der Provence › Chili › Meersalz**
Für die Puffer: **350 g Blumenkohl › Meersalz › 1 kleine Zwiebel › 1 Eigelb › 3 EL gehackte Petersilie › 2 EL Sojamehl › 1 TL Curry › 1–2 TL Gemüsebrühe › 3 EL geriebener Käse, z. B. Gouda**
Für den Salat: **400 g Zucchini › 1 Vanilleschote › 1 EL Öl › 1 EL Butter › 2–3 EL Zitronensaft › 1 TL Ras el Hanout (Gewürzmischung) › Meersalz**

Tomaten überbrühen, häuten und grob würfeln. Zwiebel fein hacken. Öl in einem Topf erhitzen, Zwiebeln darin unter Rühren glasig dünsten. Tomaten zugeben und 5 Min. braten. Mit Kräutern der Provence, Chili und Salz würzen, pürieren und auskühlen lassen. Blumenkohlröschen in Salzwasser weich kochen, danach abtropfen lassen und mit einem Stampfer zu feinem Brei zerdrücken. Backofen auf 180 °C vorheizen. Zwiebel fein hacken. Zwiebelwürfel, Eigelb und Petersilie mit dem Blumenkohl vermischen. Sojamehl, Curry und Gemüsebrühe unterrühren. Pro Puffer 2 EL Teig auf ein mit Backpapier ausgelegtes Backblech geben und mit Käse bestreuen. Im Backofen 15–18 Min. backen, bis der Käse leicht gebräunt ist. Zucchini waschen und in kleine Würfel schneiden. Vanilleschote auskratzen. In einer Pfanne Öl und Butter erhitzen. Zucchiniwürfel unter Rühren bissfest braten, dann in eine Schüssel umfüllen. Zitronensaft, Vanillemark, Ras el Hanout und Salz hinzufügen und mischen. Alles zusammen servieren.

Spanische Cocas mit feurigem Gurkensalat

KH

Für 2 Portionen ► braucht etwas mehr Zeit
30 Min. + 45 Min. Ruhezeit + 18 Min. Backzeit

Für die Cocas: **200 g Dinkelvollkornmehl › 20 g Hefe › 5 EL Olivenöl › etwas Öl zum Einfetten › 1 rote Paprika › 150 g Zucchini › 1–2 Knoblauchzehen › 1 kleine Zwiebel › 4 Zweige Thymian › Pfeffer › Meersalz**
Für den Salat: **8 schwarze Oliven › 2 Frühlingszwiebeln › ½ Chilischote › 1½ EL Apfelessig › 1 EL Olivenöl › Meersalz › 1 Salatgurke**

Mehl in eine Schüssel geben, in die Mitte eine Vertiefung machen, Hefe hinein bröseln, 100 ml lauwarmes Wasser hinzufügen. 3 EL des Mehls in die Mulde geben und zu einem Vorteig verrühren. Zugedeckt 20 Min. gehen lassen. Dann Öl und Salz in die Schüssel geben und alles gut miteinander verkneten. Teig zu 4 gleich großen Kugeln formen, zu dünnen runden Fladen (15–18 cm) ausrollen und auf ein gefettetes Backblech legen. Nochmals 20–25 Min. gehen lassen. Backofen auf 200 °C vorheizen. Paprika, Zucchini, Knoblauch und Zwiebel in feine Würfel schneiden. Öl in einer Pfanne erhitzen und Gemüse darin kurz anbraten. Alles mit Thymian, Pfeffer und Salz würzen. Gleichmäßig auf den Fladen verteilen. Im Ofen 15–18 Min. backen, dann auskühlen lassen. Oliven fein würfeln, Frühlingszwiebeln putzen, das Weiße in Würfel, das Grün in schräge Röllchen schneiden. Chilischote entkernen und fein hacken. Alles mit Essig, Öl, Salz und 5 EL Wasser verrühren. Gurke schälen, der Länge nach vierteln, entkernen, würfeln und mit dem Dressing vermischen. Zusammen mit den Cocas servieren.

Kalte Sommersuppe »Okroschka«

E

Für 2 Portionen ► gelingt leicht
25 Min.

1 kleines Bund Schnittlauch
1 kleines Bund Dill
1 kleines Bund Radieschen (125 g)
200 g Salatgurke
150 g Geflügelfleischwurst
2 hart gekochte Eier
50 ml Sprudelwasser
500 ml Buttermilch
100 g Schmand
Pfeffer
Kräutersalz

➤ Schnittlauch und Dill verlesen und fein hacken. ➤ Radieschen putzen und waschen. Gurke schälen und in grobe Stücke schneiden. Beides in einen Mixer geben und mittelfein zerkleinern, dann umfüllen. ➤ Fleischwurst in kleine Würfel schneiden. Die gekochten Eier abpellen, halbieren und Eigelb herauslösen. Das Eiklar hacken. ➤ Eigelbe zusammen mit Kräutern und Sprudelwasser in den Mixer geben und fein pürieren. Buttermilch und Schmand dazugeben und nochmals kräftig mixen. ➤ Radieschen, Gurke, Wurst und das gehackte Eiklar hinzugeben und alles miteinander vermischen. Die Suppe mit Pfeffer und Salz abschmecken und gut gekühlt servieren.

TIPP Laut Original-Rezept gehören in diese russische kalte Sommersuppe noch gekochte Kartoffelstückchen hinein. Damit sie aber dem Trennkostprinzip entspricht und leicht verdaulich bleibt, werden hier keine Kartoffeln verwendet.

Bulgur-Bratlinge mit Joghurt-Dill-Dressing

KH

Für 2 Portionen ► gut vorzubereiten
35 Min.

100 g Bulgur › 2 EL Nussmischung, z. B. Haselnüsse, Walnüsse, Mandeln › 1 EL Sonnenblumenkerne › ½ TL Koriandersamen › 1 Zwiebel › 1 Stück Ingwer, haselnussgroß › 1 EL Butter › 3 geh. EL Sojamehl › 2 EL Quark › 3 EL Olivenöl › ½ Chilischote › 1 kleines Bund Dill › 125 g Joghurt › 1 kleiner Eisbergsalat › 1 Bund Radieschen › 10 Kirschtomaten › Meersalz › Pfeffer

Bulgur mit 180 ml kochendem, leicht gesalzenem Wasser übergießen und zugedeckt 15–18 Min. quellen lassen. Nüsse, Sonnenblumenkerne und Koriandersamen fein hacken, in einer beschichteten Pfanne ohne Fett kurz rösten, dann beiseitelegen. Zwiebel und Ingwer schälen und in kleine Würfel schneiden. Butter in einer Pfanne erhitzen, Zwiebel- und Ingwerwürfel darin kurz braten. Bulgur mit Sojamehl, Quark, Nüssen, Sonnenblumenkernen, Koriandersamen, Zwiebel und Ingwer vermischen, mit Pfeffer und Salz würzen. Mit gut angefeuchteten Händen 4 Bratlinge formen und im heißen Öl von beiden Seiten je 3–4 Min. braten. Für das Dressing die Chilischote putzen und in feine Streifen schneiden. Dill waschen und hacken. Joghurt mit Chili, Dill, Pfeffer und Salz verrühren. Eisbergsalat in Streifen schneiden, waschen und trocknen. Radieschen waschen und in feine Scheiben hobeln, Tomaten waschen und halbieren. Salat mit Dill-Dressing beträufeln und zusammen mit den Bratlingen servieren.

Frühlings-Krabben-Ei-Salat

E

Für 2 Portionen ► gelingt leicht
30 Min.

2 Eier
2 Kolben Chicorée
1 Bund Radieschen
1 gelbe Paprikaschote
1 grüne Paprikaschote
1 reife Avocado
200 g Krabben
125 g Joghurt
2 EL Zitronensaft
Pfeffer
Meersalz
einige Tropfen Stevia flüssig (oder 1 TL Obstdicksaft)
2 EL gehackter Dill

➤ Eier in ca. 9–10 Min. hart kochen, kalt abschrecken und abkühlen lassen. Anschließend schälen und achteln. ➤ Chicorée der Länge nach halbieren, den bitteren Kern herausschneiden und den Salat in schmale Streifen schneiden. Radieschen putzen und in feine Scheiben hobeln. Paprikaschoten halbieren, Trennwände und Kerne entfernen und die Schoten in kleine Stücke schneiden. ➤ Avocado halbieren, den Kern entfernen, das Fruchtfleisch aus der Schale heben und quer in dünne Spalten schneiden. Salat, Eier und Krabben auf einer Platte anrichten. ➤ Für das Dressing Joghurt mit Zitronensaft glatt rühren, mit Pfeffer, Salz und Stevia bzw. Obstdicksaft würzen und auf dem Salat verteilen. Mit dem Dill bestreut servieren.

Feines Körner-Eiweißbrot

E

Für 12–14 Scheiben ► braucht etwas mehr Zeit
20 Min. + 50 Min. Backzeit

350 g fein gemahlene Mandeln
50 g Kürbiskerne
60 g geröstete Sonnenblumenkerne, leicht gesalzen
70 g Leinsamen
2–3 TL Fenchelsamen
3 Eier
50 g flüssige Butter
150 g Joghurt (10 % Fett)
1 TL Natron
½ TL Meersalz
1 EL Kümmel oder Fenchelsamen zum Bestreuen (nach Belieben)

➡ Die gemahlenen Mandeln zusammen mit den Kürbiskernen, Sonnenblumenkernen, Leinsamen und Fenchelsamen in einer Schüssel mischen. ➡ Eier trennen. Eigelbe zusammen mit der flüssigen Butter, Joghurt, Natron und Salz zu der Mandel-Samen-Mischung geben und alles miteinander verrühren. ➡ Eiklar zusammen mit einer Prise Salz steif schlagen. Eischnee in 2 Portionen teilen. Die erste Hälfte rasch unter den Teig rühren, dann die zweite Hälfte vorsichtig unterheben. ➡ Backofen auf 175 °C vorheizen. ➡ Eine Kastenform (25 × 11 cm) mit Backpapier auslegen, den Teig gleichmäßig darin verteilen. Mit etwas Wasser bestreichen und beliebig mit Kümmel oder Fenchelsamen bestreuen. ➡ Das Brot im Ofen 50 Min. backen.

Kaltes Schnitzel-Brot mit saftiger Rohkost

E

Für 2 Portionen ► geht schnell
25 Min.

4 Möhren
1 Kohlrabi
1 großer saftiger Apfel
125 g Joghurt
1 TL Meerrettich aus dem Glas
2 EL Zitronensaft
1 TL Honig
2 EL fein gemahlene Mandeln
2 EL Parmesankäse, fein gerieben
1 Ei
2 EL Olivenöl
2 Scheiben Eiweißbrot
2 EL Butter
Meersalz
Pfeffer

► Möhren und Kohlrabi schälen und grob zerkleinern. Apfel schälen, vierteln und entkernen. Alles in eine Küchenmaschine geben und grob zerkleinern. Rohkost mit Joghurt, Meerrettich, Zitronensaft, Honig und Salz mischen, in eine Schüssel umfüllen und kühl stellen. ► Für die Panade die geriebenen Mandeln mit dem Käse mischen. Ei mit einer Gabel verquirlen. Schnitzel mit Pfeffer und Salz würzen, dann zuerst im Ei, danach in der Mandel-Parmesan-Panade wenden. ► Olivenöl in einer Pfanne erhitzen und das Fleisch darin von beiden Seiten goldbraun braten. Anschließend abkühlen lassen. Brotscheiben dünn mit Butter bestreichen und mit den Schnitzeln belegen. Zusammen mit der Rohkost servieren.

Nudelsalat Antipasti

KH

Für 2 Portionen ► gelingt leicht
30 Min.

Für den Nudelsalat: **180 g Aubergine › 300 g Zucchini › 1 rote Paprikaschote › 2 EL Olivenöl › 160 g Nudeln ohne Ei (z. B. Mini Penne) › Meersalz**
Für das Dressing: **1–2 Knoblauchzehen › 2 EL Pinienkerne › 2 EL geriebener Parmesan › 2 Zweige Basilikum › 1 EL Olivenöl › Pfeffer › 100 g Schafskäse › 8 schwarze Oliven › einige Basilikumblättchen zum Garnieren**

➤ Aubergine und Zucchini putzen, waschen und in kleine Würfel schneiden. Paprika putzen und grob würfeln. ➤ Alles auf ein mit Backpapier ausgelegtes Backblech legen, mit Öl beträufeln, leicht salzen und im Backofen bei 180 °C 15–18 Min. braten. Zwischendurch wenden. ➤ Nudeln in reichlich Salzwasser bissfest garen, abgießen, dabei etwa 3 EL Nudelwasser auffangen. ➤ Für das Dressing Pinienkerne, Parmesan und Basilikum und geschälten Knoblauch in einem hohen Rührbecher pürieren. Olivenöl und 3 EL Nudelwasser langsam zugießen. Mit Salz und Pfeffer würzen. ➤ Grillgemüse und Dressing mit den Nudeln mischen, nochmals mit Salz abschmecken. Schafskäse darüber zerbröseln. Mit Oliven und Basilikumblättchen bestreut servieren.

Fruchtiger Geflügelsalat

E

Für 2 Portionen ► gelingt leicht
25 Min.

2 Hähnchenbrüste à 150 g › 1 EL Öl › 2 Salatherzen › 2 kleine Selleriestangen › 1 Bund Radieschen › 1 reife Avocado › 2 EL Zitronensaft › 150 g Gurke › 1 Stück Ingwer, walnussgroß › 1 große Orange › 125 g Jogurt › 80 ml frisch gepresster Orangensaft › 1 Msp. Chili › ½ TL Kardamom › Pfeffer › Meersalz › Kräutersalz

Hähnchenfleisch kurz waschen und mit Küchenpapier abtrocknen. Öl in einer Pfanne erhitzen. Hähnchenbrüste leicht flach klopfen, mit Pfeffer und Salz würzen und in der Pfanne bei mittlerer Hitze von beiden Seiten je 4–5 Min. braten. Salatherzen putzen, waschen, abtropfen lassen, in mundgerechte Stücke zerpflücken. Selleriestangen putzen und in dünne Scheibchen schneiden. Radieschen putzen und grob zerkleinern. Gurke schälen und würfeln. Avocado halbieren, Kern entfernen, in Scheiben schneiden und mit Zitronensaft beträufeln. Ingwer schälen und fein hacken. Die Orange schälen und Fruchtfleisch in kleine Würfel schneiden. Alles in einer Schüssel mischen. Für das Dressing den Joghurt mit Orangensaft, Chili, Kardamom und Kräutersalz verrühren. Die Sauce über den Salat gießen und mischen. Das Hähnchenfleisch in Würfel schneiden und auf dem Salat verteilen. Mit Selleriegrün garnieren.

Italienischer Reissalat mit Mozzarella

KH

Für 2 Portionen ► gelingt leicht
30 Min.

120 g Naturreis (10 Min.)
30 g getrocknete Tomaten in Öl
100 g Kirschtomaten
2–3 Stiele Basilikum
30 g Rucola
50 ml Gemüsebrühe
1½ EL Obstessig
12 schwarze Oliven
2 EL Mais (tiefgekühlt)
125 g Mozzarella
Meersalz
Pfeffer

Reis in einen Topf geben, mit leicht gesalzenem Wasser gut bedecken, einmal aufkochen lassen und zugedeckt bei schwacher Hitze 10 Min. garen lassen. Reis mit einer Gabel lockern und auskühlen lassen. Getrocknete Tomaten abtropfen lassen, das Öl dabei auffangen. Tomaten in kleine Stücke schneiden, die Kirschtomaten halbieren. Basilikum und Rucola grob zerkleinern. Aus der Gemüsebrühe, Tomatenöl, Essig, Pfeffer und Salz ein Dressing rühren. Mit den getrockneten und frischen Tomaten mischen. Oliven, Mais, Basilikum und Rucola zur Sauce geben und alles mit dem Reis vermischen. Mozzarella in kleine Würfel schneiden und auf dem Salat verteilen.

TIPP Essen Sie dazu pro Portion eine in Stücke geschnittene rote Paprika.

American Club-Sandwich

E

Für 2 Portionen ► geht schnell
15 Min. + 8 Min. Kochzeit

4 Holzspieße
2 Eier
1 Tomate
4 mittelgroße Salatblätter
4 EL Frischkäse
1–2 TL Meerrettich aus dem Glas
1 Spritzer Zitronensaft
4 Scheiben Eiweißbrot
2 Scheiben Käse, z. B. Havarti oder Gouda
4 Scheiben Hähnchen- oder Putenbrust-Aufschnitt
1 große Salatgurke
Pfeffer
Meersalz

➤ Eier hart kochen, abschrecken, pellen und in Scheiben schneiden. ➤ Tomate waschen, Stielansatz entfernen und die Frucht in dünne Scheiben schneiden. Salatblätter waschen, trockenschleudern und in mundgerechte Stücke zupfen. ➤ Frischkäse mit Meerrettich und Zitronensaft cremig verrühren. ➤ Brotscheiben mit Frischkäse bestreichen. Die beiden unteren Brote mit Salatblättern, Käsescheiben, Tomaten, Hähnchenbrust und Eierscheiben belegen, mit Pfeffer und Salz leicht würzen, dann mit den beiden anderen Broten abdecken. Die Sandwiches mit 4 Holzspießchen zusammenhalten und einmal diagonal mit einem scharfen Messer durchschneiden. ➤ Salatgurke schälen, in 1 cm dicke Scheiben schneiden, salzen und mit den Sandwichhälften servieren.

TIPP Dieses Gericht lässt sich prima vorbereiten. Einfach eine Hälfte der Sandwiches und die Hälfte der Gurkenscheiben jeweils in eine Box geben, über Nacht im Kühlschrank aufbewahren und am nächsten Tag mit an den Arbeitsplatz nehmen.

Falscher Kartoffelsalat

E

Für 2 Portionen ► preisgünstig
45 Min.

150 g Knollensellerie
400 g Kohlrabi
150 g Geflügelfleischwurst
2 hart gekochte Eier
1 Frühlingszwiebel
1 frischer, saftiger Apfel
1 EL Obstessig
125 g griechischer Joghurt
2 EL Mayonnaise
1–2 TL Senf
2 EL Walnüsse, grob gehackt
Kräutersalz

► Sellerie und Kohlrabi schälen und in kleine Würfel schneiden. Das Gemüse jeweils in einen eigenen kleinen Topf geben, mit leicht gesalzenem Wasser knapp bedecken und 15–18 Min. garen. Anschließend aus dem Wasser heben und abtropfen lassen. ► Fleischwurst fein würfeln. Eier hacken. Frühlingszwiebel putzen, das Grün in Röllchen und das Weiße in kleine Scheibchen schneiden. Etwas Grün beiseitelegen. ► Apfel waschen, vierteln, entkernen und in kleine Würfel schneiden. Sofort mit dem Obstessig beträufeln. ► Joghurt mit Mayonnaise und Senf cremig verrühren. Fleischwurst, Eier, Zwiebel, Apfel und Nüsse unterheben und mit Kräutersalz würzen. Sellerie- und Kohlrabiwürfel mit dem Dressing mischen und mit Zwiebelgrün bestreut servieren.

Italienischer Farro-Salat

KH

Für 2 Portionen ► braucht etwas mehr Zeit
30 Min. + 30 Min. Kochzeit

120 g Farro perlato
1 große rote Zwiebel
3–4 Knoblauchzehen
1 große rote Paprika
300 g Zucchini
1 mürber Apfel
2 EL Olivenöl
1 Zweig Rosmarin
125 g Mozzarella
3 EL Sahne
2 EL alter Balsamico-Essig
Pfeffer, Meersalz

Getreide in einen Topf geben, mit leicht gesalzenem Wasser gut bedecken, einmal aufkochen lassen und zugedeckt bei schwacher Hitze 25–30 Min. garen lassen. Anschließend in einem Sieb mit Wasser gut abspülen, dann abtropfen lassen. Zwiebeln schälen, Zucchini putzen. Beides in 1 cm dicke Scheiben schneiden. Knoblauch abziehen und grob hacken. Paprika von Trennwänden und Kernen befreien und in breite Streifen schneiden. Apfel schälen und in schmale Spalten schneiden. Alles auf ein mit Backpapier ausgelegtes Backblech geben, mit Öl beträufeln und im Backofen bei 180 °C 20 Min. backen. Mozzarella in Stücke schneiden. Rosmarinnadeln fein hacken. Röstgemüse aus dem Ofen nehmen und zusammen mit Farro perlato und Mozzarella auf einer Platte anrichten. Sahne, Essig, Rosmarin, Pfeffer und Salz miteinander verrühren, über den Salat geben und kurz durchziehen lassen.

TIPP Farro perlato ist ein geschliffener Dinkel und in Reformhäusern und Bio-Läden erhältlich, teilweise auch in Supermärkten unter dem Namen »GutBio Dinkel geschliffen«. Statt Farro perlato können Sie für dieses Gericht auch Dinkel verwenden.

Lachsbrötchen Gurke-Dill

KH

Für 2 Portionen ► geht schnell
20 Min.

1 große Salatgurke › 2 Frühlingszwiebeln › 1 kleines Bund Dill › 150 g griechischer Joghurt › 1 TL Senf › 1–2 TL Meerrettich aus dem Glas › Meersalz › 2 Vollkornbrötchen › 150 g gebeizter Lachs › 1 kleines Bund Rucola

Gurke schälen, der Länge nach vierteln, entkernen und in sehr kleine Würfel schneiden. Frühlingszwiebeln putzen, das Weiße in Würfel, das Grün in dünne schräge Röllchen schneiden. Dill fein hacken. Alles in eine Schüssel geben, mit Joghurt, Senf und Meerrettich vermischen und leicht salzen. Brötchen aufschneiden und beliebig toasten. Auf die unteren Hälften etwas Salsa geben, dann mit Lachsscheiben und Rucola belegen. Mit den oberen Hälften abdecken. Zusammen mit der restlichen Gurken-Dill-Salsa servieren.

Abendessen kalt

Italienischer Salat mit Knusper-Brotwürfeln

KH

Für 2 Portionen ► geht schnell
20 Min.

2 Scheiben Vollkornbrot
1–2 Knoblauchzehen
2 EL Butter
½ kleiner Eisbergsalat
1 kleines Bund Rucola
1 gelbe Paprikaschote
2 Tomaten
10 Oliven
3 Zweige Petersilie
2 EL alter Balsamico-Essig
1 EL Olivenöl
frischer Pfeffer aus der Mühle
Meersalz
2 EL grob geriebener Parmesan

► Brot in kleine Würfel schneiden. Knoblauch schälen und fein hacken. Butter in einer beschichteten Pfanne schmelzen lassen. Brotwürfel zusammen mit dem Knoblauch darin rundherum knusprig braten, dann beiseitestellen. ► Eisbergsalat und Rucola putzen, waschen, abtropfen lassen und in mundgerechte Stücke zerpflücken. Paprikaschote halbieren, putzen, waschen und in Würfel schneiden. Tomaten waschen, von den Stielansätzen befreien und in schmale Spalten schneiden. ► Die vorbereiteten Salatzutaten zusammen mit den Oliven in einer Schüssel mischen. ► Für das Dressing die Petersilie waschen, trockenschütteln und fein hacken. Mit Essig, Öl, 4 EL Wasser, Pfeffer und Salz verrühren. Dressing über den Salat geben und mit den gerösteten Brotwürfeln und Parmesan bestreut servieren.

Gemüsesticks mit Auberginen-Dip

N

Für 2 Portionen ► gut vorzubereiten
15 Min. + 35 Min. Garzeit

1 Aubergine (etwa 300 g)
1–2 Knoblauchzehen
2–3 Zweige Oregano
100 g Schafs- oder Ziegenkäse, z. B. Feta oder Chavroux
100 g Joghurt (10 % Fett)
2 EL Tahina-Sesampaste
Pfeffer
Meersalz
700 g gemischte Gemüsesorten, z. B. Möhre, Kohlrabi, Staudensellerie, Gurke, Paprika

Aubergine vom grünen Stielansatz befreien. Die Frucht kurz waschen, in eine Auflaufform legen und im vorgeheizten Backofen bei 200 °C etwa 35 Min. braten. Anschließend aus dem Ofen nehmen, auskühlen lassen und mit einem Löffel das Fruchtfleisch entnehmen. Knoblauch schälen und hacken. Oreganoblättchen von den Stielen zupfen. Schafs- bzw. Ziegenkäse, Joghurt und Sesampaste zusammen mit Knoblauch, Oregano und Aubergine in ein hohes Gefäß geben und alles mit einem Schneidstab fein pürieren. Die Auberginencreme mit Pfeffer und Salz abschmecken und in eine kleine Schüssel umfüllen. Gemüse waschen, ggf. schälen und in fingerdicke Stifte schneiden. Gemüsesticks zusammen mit dem Auberginen-Dip servieren.

TIPP Der Auberginen-Dip passt auch hervorragend zu türkischem Fladenbrot, Vollkornbrot oder kleinen Pellkartoffeln. Aus dem neutralen Gericht wird dann allerdings eine Kohlenhydrat-Mahlzeit.

Bunter Bohnensalat mit Käse und Birne

E

Für 2 Portionen ► preisgünstig
35 Min.

200 g grüne Bohnen, frisch oder tiefgekühlt
½ kleiner Eisbergsalat
1 kleine rote Zwiebel
6 schwarze Oliven ohne Stein
1 gelbe Paprikaschote
1 Birne
160 g Käse (z. B. Bergkäse, Gouda oder Edamer)
10 Walnusshälften
1–2 EL Obstessig
1 EL Öl
2 EL gehackter Estragon (ersatzweise glatte Petersilie)
6 Kirschtomaten
Meersalz
Pfeffer

► Bohnen putzen, waschen, in 3 cm lange Stücke schneiden. In kochendem Salzwasser etwa 18 Min. garen, dann aus dem Wasser heben und abtropfen lassen. Bohnenwasser aufbewahren. ► Salat putzen, waschen und in mundgerechte Stücke zupfen. Zwiebel schälen und fein hacken. Oliven in dünne Scheiben schneiden. Paprikaschote halbieren, putzen, waschen und in kleine Würfel schneiden. ► Birne waschen, vierteln, entkernen und in Stücke schneiden. Käse würfeln. Alles in einer Schüssel mischen. ► Walnüsse grob hacken. ► Für das Dressing Obstessig mit Öl, Estragon bzw. Petersilie und 5 EL des Bohnenwassers verrühren. Die Sauce mit Pfeffer und Salz würzen und den Salat damit anmachen. Tomaten waschen und halbieren und den Salat damit garnieren. Mit gehackten Nüssen bestreuen und servieren.

Fruchtig-nussiger Käse-Wurst-Salat

E

Für 2 Portionen ► gelingt leicht
25 Min.

2 Kolben Chicorée
1 Frühlingszwiebel
1 großes Bund Radieschen
2 kleine Selleriestangen
2 Gewürzgurken
1 frischer saftiger Apfel
125 g Käse, z. B. junger Gouda oder milder Bergkäse
125 g Geflügelfleischwurst
2 EL gehackte Walnüsse
1½ EL Öl
1 TL Senf
2 EL Zitronensaft
4 Zweige frischer Koriander
Pfeffer
Meersalz

► Chicorée der Länge nach halbieren, den bitteren Kern herausschneiden und den Salat in schmale Streifen schneiden. Frühlingszwiebel putzen, das Weiße in Würfel, das Grün in schräge Röllchen schneiden. ► Radieschen waschen und in feine Scheiben hobeln. Selleriestangen putzen, eventuelle Fäden abziehen und in sehr dünne Scheibchen schneiden. Gurken in kleine Würfel hacken. Apfel waschen, vierteln, entkernen und in kleine Würfel schneiden. ► Käse und Wurst in kleine Streifen schneiden. Alles zusammen mit den gehackten Nüssen in einer Schüssel mischen. ► Aus Öl, Senf, Zitronensaft, Pfeffer, Salz und 6 EL Wasser eine Sauce rühren und mit dem Salat vermischen. Mit Korianderblättchen bestreut servieren.

Spargel-Quinoa-Salat mit Lachs

KH

Für 2 Portionen ► gelingt leicht
35 Min.

120 g Quinoa
250 ml Gemüsebrühe
200 g grüner Spargel
1 Minigurke (200 g)
1 Salatherz
150 g gebeizter Lachs
3 Zweige Petersilie
100 g Kirschtomaten
2 EL Obstessig
2 EL Öl
Pfeffer
Meersalz

► Quinoakörner mehrere Male heiß abspülen, dann in kochende Gemüsebrühe geben und zugedeckt 18–20 Min. garen. ► Unteres Ende des Spargels abbrechen und Stangen in wenig leicht gesalzenem Wasser bissfest dünsten, aus dem Wasser heben und gut abtropfen lassen. Etwas Gemüsewasser beiseitestellen. Spargel in 4 cm lange Stücke schneiden. Gurke schälen und würfeln. Salatherz putzen und schräg in 2 cm breite Streifen schneiden. Lachs in kleine Streifen schneiden. ► Petersilie waschen, trockenschütteln und fein hacken. Tomaten waschen und halbieren. ► Aus Essig, Öl, Salz, Pfeffer, Petersilie und 4 EL Spargel-Kochwasser ein Dressing rühren. Spargel, Gurke und Salat mit dem abgetropften Quinoa vermischen und mit dem Dressing beträufeln. Lachs und Kirschtomaten auf dem Salat verteilen.

Bulgurpfanne mit Tahina-Sesampaste

KH

Für 2 Portionen ► gelingt leicht
30 Min.

125 g Bulgur
2 EL Pinienkerne
1 Zwiebel
250 g Blumenkohl
250 g Salatgurke
1 große rote Paprika
2 EL Olivenöl
1 EL Tahina-Sesampaste
1 TL Curry
Meersalz
100 g Kirschtomaten

Bulgur mit 200 ml kochendem, leicht gesalzenem Wasser übergießen und zugedeckt 15 Min. quellen lassen. Pinienkerne in einer beschichteten Pfanne ohne Fett kurz rösten, dann beiseitestellen. Zwiebel schälen und klein würfeln. Blumenkohl in sehr kleine Röschen teilen. Gurke schälen, der Länge nach halbieren und die Kerne mit einem Löffel herausschaben. Gurke in kleine Würfel schneiden. Paprika putzen, waschen und ebenfalls in kleine Würfel schneiden. 1 EL Öl in einer beschichteten Pfanne erhitzen. Zwiebel- und Gemüsewürfel ca. 7 Min. unter Rühren bissfest braten. Bulgur untermischen. Sesampaste mit 1 EL Öl, Curry und Salz verrühren und den Bulgursalat damit würzen. Mit Pinienkernen bestreuen. Tomaten waschen, halbieren und zusammen mit dem Salat servieren.

Nudel-Pilz-Salat mit Manchego

KH

Für 2 Portionen ► gelingt leicht
25 Min.

160 g Nudeln ohne Ei
300 g frische Champignons
2–3 EL Obstessig
1 EL Olivenöl
1 EL abgeriebene Schale einer unbehandelten Zitrone
1 Knoblauchzehe
frischer Pfeffer aus der Mühle
1 kleines Bund Petersilie
4 EL frisch geriebener Manchego-Käse (alternativ Pecorino)
1 große Salatgurke
Meersalz
Kräutersalz

➤ Nudeln in leicht gesalzenem Wasser bissfest garen. ➤ Champignons säubern und in dünne Scheiben schneiden. Pilze in einer Schüssel mit Obstessig, Öl und Zitronenschale mischen. Knoblauch schälen, fein reiben und dazu geben. ➤ Die heißen Nudeln zusammen mit etwas Kochwasser zu den Pilzen geben. Mit Kräutersalz und Pfeffer würzen. Anschließend auskühlen lassen. ➤ Petersilie grob hacken und untermischen. Alles mit dem Käse bestreuen. ➤ Gurke schälen und in dicke Scheiben schneiden. Mit Salz bestreuen und zusammen mit dem Nudel-Pilz-Salat servieren.

Eier-Lachsrolle im Salatbett

E

Für 2 Portionen ► geht schnell
15 Min.

Für die Eier-Lachsrolle: **3 Eier › 1 Msp. Meersalz › 100 g Frischkäse › 150 g Quark › 2–3 TL Meerrettich aus dem Glas › 150 g gebeizter Lachs**
Für den Salat: **2 Salatherzen › 1 große gelbe Paprikaschote › 2 große Tomaten › 2 EL Obstessig › 2 EL Olivenöl › Pfeffer › Meersalz**

Backofen auf 150 °C vorheizen. Die Eier trennen. Eiklar mit Salz steif schlagen. Eigelb mit Frischkäse cremig verrühren. Anschließend das geschlagene Eiklar unterheben. Die Masse in rechteckiger Form (25 × 35 cm) auf ein mit Backpapier ausgelegtes Backblech geben und etwa 12 Min. im Backofen garen lassen. Den gebackenen Teig auf ein zweites Backpapier stürzen und das erste Backpapier abziehen. Quark mit Meerrettich verrühren, leicht salzen und gleichmäßig auf dem Teig verteilen. Dann mit Lachs belegen, einrollen und in breite Scheiben schneiden. Salatherzen waschen, abtropfen lassen und der Länge nach vierteln. Paprika waschen, putzen und in längliche Streifen schneiden. Tomaten waschen, vom Stielansatz befreien und in schmale Spalten schneiden. Den Salat auf einer Platte anrichten. Mit Essig und Öl beträufeln und mit Pfeffer und Salz würzen. Zusammen mit den Lachsscheiben servieren.

TIPP Dieses Gericht eignet sich super zum Mitnehmen am nächsten Tag. Packen Sie die übrige Hälfte der Lachsrolle in eine kleine Plastikbox. Den Salat sollten Sie getrennt einpacken und erst vor dem Verzehr mit Essig und Öl beträufeln und würzen.

Kalte Pasta mit rosa Ricotta-Sauce

KH

Für 2 Portionen ► geht schnell
25 Min.

Für die Gemüsenudeln:
160 g Nudeln ohne Ei, z. B. Fettuccine oder Tagliatelle
400 g Zucchini
2 EL Olivenöl
3 Tomaten
Pfeffer
Meersalz
Für die Sauce:
150 g Tomaten
200 g Ricotta
2 EL geriebener Parmesan
1 kleines Bund Basilikum
Chilipulver
Meersalz
2 EL Pinienkerne
einige Basilikumblättchen zum Garnieren

► Nudeln in reichlich leicht gesalzenem kochendem Wasser bissfest garen, dann abgießen, mit kaltem Wasser abschrecken und auskühlen lassen. ► Zucchini waschen, putzen und in feine Streifen schneiden. Öl in einer Pfanne erhitzen, das Gemüse darin unter gelegentlichem Rühren 5 Min. braten, dann ebenfalls auskühlen lassen. ► Tomaten waschen und in kleine Würfel schneiden. Nudeln, Zucchini mit Öl und Tomaten in eine Schüssel geben und miteinander vermischen. Mit Pfeffer und Salz würzen. ► Für die Sauce den Stielansatz der Tomaten entfernen, die Frucht grob würfeln und zusammen mit Ricotta, Parmesan, Basilikum, Chili und Salz im Mixer fein pürieren. Sauce auf die Gemüsenudeln geben und leicht unterheben. Mit Pinienkernen und Basilikumblättchen garniert servieren.

Bulgur-Pilzsalat mit Minze und Schinken

KH

Für 2 Portionen ► gelingt leicht
30 Min.

125 g Bulgur
1 große rote Zwiebel
200 g Champignons
1 EL Olivenöl
1 kleines Bund Minze
80 g Puten-Lachsschinken
100 g Kirschtomaten
1–2 EL Apfelessig
125 g griechischer Joghurt
2 große Fleischtomaten
Meersalz

Bulgur mit 300 ml kochendem, leicht gesalzenem Wasser übergießen und zugedeckt 18–20 Min. quellen lassen. Anschließend durch ein Sieb geben, den Bulgur in eine Schüssel umfüllen und beiseitestellen. Zwiebel abziehen und klein hacken. Pilze putzen und in Scheiben schneiden. Öl in einer beschichteten Pfanne erhitzen. Zwiebeln und Pilze darin unter Rühren kräftig anbraten. Minzeblättchen fein hacken. Schinken in kleine Streifen schneiden. Kirschtomaten waschen und halbieren. Zwiebel und Pilze zum Bulgur geben. Schinkenwürfel, Minze und Kirschtomaten untermischen. Mit Apfelessig und Salz abschmecken. Joghurt in kleinen Klecksen darauf verteilen. Fleischtomaten waschen, in Scheiben schneiden, leicht salzen und zusammen mit dem Bulgursalat servieren.

Schichtsalat mit Eiern und Thunfisch

E

Für 2 Portionen ► braucht etwas mehr Zeit
25 Min. + 2–3 Std. Zeit zum Durchziehen

250 g grüne Bohnen › 1 Zweig Bohnenkraut › 1 kleine Zwiebel › 2 EL Apfelessig › 2 Tomaten › 4 Champignons › 200 g Salatgurke › 2 Eier › 1 kleine Stange Lauch › 150 g Joghurt › 2 EL Schmand › 1–2 TL Senf › Pfeffer › Kräutersalz › Meersalz › 180 g Thunfisch im eigenen Saft (Dose)

Bohnen waschen und in etwa 3 cm lange Stücke schneiden. Zusammen mit dem Bohnenkraut in wenig leicht gesalzenem Wasser 15–18 Min. bissfest garen, dann aus dem Wasser nehmen und abtropfen lassen. Zwiebel schälen, in Ringe schneiden und mit Salz und Essig leicht andrücken, bis sie geschmeidig sind. Tomaten waschen, von den Stielansätzen befreien und in kleine Würfel schneiden. Champignons putzen, feinblättrig aufschneiden und mit etwas Apfelessig beträufeln. Gurke schälen, in dünne Scheiben hobeln, salzen, kurz ziehen lassen, dann ausdrücken. Eier in 8–10 Min. hart kochen, mit kaltem Wasser abschrecken, pellen und in Scheiben schneiden. Lauch putzen, waschen und in feine Ringe schneiden. Für das Dressing Joghurt mit Schmand und Senf kräftig verrühren. Mit Pfeffer und Kräutersalz würzen. Bohnen in eine Glasschüssel geben. Zwiebelringe gleichmäßig darüber verteilen. Als nächste Schicht folgen Tomatenwürfel, Thunfisch, Pilze, Gurken und Eierscheiben. Die Sauce gleichmäßig über die Eierscheiben geben und alles mit den Lauchringen bedecken. Den Salat zugedeckt im Kühlschrank etwa 2–3 Std. durchziehen lassen.

Griechischer Bauernsalat mit Gyros-Hack

E

Für 2 Portionen ► gelingt leicht
25 Min.

Für den Salat: **200 g Spitzkohl › 1 Salatherz › 1 Zwiebel › 2 Tomaten › 200 g Salatgurke › 1 kleines Gewürzbund aus Petersilie, Minze und Oregano › 2 EL Weißwein-Essig › 1½ EL Olivenöl › 1 TL Senf › Kräutersalz › Meersalz › Pfeffer**

Für das Gyros-Hack: **1 EL Olivenöl › 250 g Rinderhackfleisch › etwas Gyrosgewürz › 100 g griechischer Joghurt › 8 schwarze Oliven**

Spitzkohl putzen, waschen und in feine Streifen schneiden, in eine Schüssel geben, mit Salz und Pfeffer würzen. Mit den Händen durchkneten, bis die Kohlstreifen geschmeidig sind. Salatherz putzen, waschen und in mundgerechte Stücke zupfen. Zwiebel schälen und in dünne Ringe schneiden. Tomaten waschen und in kleine Stücke schneiden. Gurke schälen und würfeln. Alles mit dem Spitzkohl mischen und dekorativ auf einer Platte anrichten. Kräuter waschen und fein hacken. Für das Dressing Essig, Öl, Senf, Kräutersalz und 5 EL Wasser verrühren, Kräuter unterrühren und die Sauce über den Salat gießen. Öl in der Pfanne erhitzen, Hackfleisch hineinbröseln und unter Wenden kräftig anbraten. Mit Gyrosgewürz würzen und auf dem Salat verteilen. Mit einigen Klecksen Joghurt und Oliven garniert servieren.

Fruchtiger Frühlingseintopf

E

Für 2 Portionen ► gelingt leicht
25 Min. + 18 Min. Kochzeit

250 g Hähnchenbrust › 1 Zwiebel › 400 g Möhren › 1 Kohlrabi › 1 EL Öl › 550 ml Gemüsebrühe › 1 kleines Stück Ingwer › 1–2 TL Curry › 1 Mango › 2 TL Butter › 2 EL gehackte Minze › Pfeffer › Meersalz

➤ Fleisch waschen, trocknen und würfeln. Zwiebel, Möhren und Kohlrabi schälen. Zwiebel in Spalten, Möhren in Scheiben und Kohlrabi in Stifte schneiden. ➤ Öl in einem Topf erhitzen und Fleisch rundum anbraten. Gemüsestücke zugeben und kurz dünsten. Mit Gemüsebrühe ablöschen, aufkochen lassen. Geschälten und geriebenen Ingwer und Curry in den Eintopf geben. Bei mittlerer Hitze zugedeckt 15–18 Min. köcheln lassen. ➤ Mango-Fruchtfleisch fein würfeln und in Butter kurz braten. Mangowürfel in den Eintopf geben, mit Pfeffer und Salz würzen. Mit Minze bestreuen.

Abend-essen warm

Kohlrabi-Lasagne

E

Für 2 Portionen ► gelingt leicht
45 Min. + 20 Min. Backzeit

4 Kohlrabi › 1 Zwiebel › 1–2 Knoblauchzehen › 1 EL Olivenöl › 300 g Rinderhackfleisch › 5 EL Rotwein › 350 ml passierte Tomaten › 2 EL Tomatenmark › je 1 EL Rosmarin und Oregano › 1 EL Paprikapulver › 1 EL Garam Masala (Gewürz) › etwas Chili › 2 TL vegetarische Gemüsebrühe › 2 EL saure Sahne › 80 g geriebener Gouda › Meersalz

2 Kohlrabi schälen, in dünne Scheiben hobeln und diese in gesalzenem Wasser 5 Min. kochen. Danach gut abtropfen lassen und beiseitestellen. Zwiebel und Knoblauch fein hacken. Öl in einem Topf erhitzen. Zwiebel und Knoblauch darin unter Wenden anbraten. Hackfleisch zugeben, krümelig anbraten, dann mit Rotwein ablöschen. Passierte Tomaten und Tomatenmark sowie Gewürze und Gemüsebrühe zufügen und 5 Min. köcheln lassen. Backofen auf 180 °C vorheizen. Auflaufform mit einer Schicht Kohlrabischeiben auslegen. Etwas Hackfleischsauce darauf verteilen, dann abwechselnd Kohlrabi und Sauce in der Form schichten. Als oberste Schicht die restliche Hackfleischsauce gleichmäßig verteilen. Saure Sahne daraufgeben und mit Käse bestreuen. 18–20 Min. backen, bis der Käse gebräunt ist. Die restlichen 2 Kohlrabi schälen, klein schneiden und als Rohkostbeilage zur Lasagne essen.

TIPP Falls Sie am Arbeitsplatz die Möglichkeit haben, Ihr Essen zu erwärmen, dann eignet sich dieses Gericht sehr gut zum Mitnehmen. Die Rohkost sollte von der Lasagne getrennt transportiert werden.

Spinatpuffer mit Radieschen-Kohlrabi-Salat

KH

Für 2 Portionen ► gelingt leicht
35 Min.

Für die Spinatpuffer: **2 EL Pinienkerne › 50 g Spinat › 1 kleine Zwiebel › 1–2 Knoblauchzehen › 1 EL Butter › 160 ml Gemüsebrühe (Instant) › 120 g Haferflocken › 1 Eigelb › 40 g Schafs- oder Ziegenweichkäse › 2 EL saure Sahne › 2 EL Semmelbrösel › etwas Öl zum Braten**
Für den Salat: **300 g Radieschen › 300 g Kohlrabi › 2 Zweige Zitronenmelisse › 2–3 EL Apfelessig › 1 EL Öl › 5 EL Sahne › Meersalz**

Pinienkerne in einer Pfanne ohne Fett kurz rösten, dann zur Seite stellen. Spinat putzen. Zwiebel und Knoblauch abziehen, fein hacken und in Butter glasig dünsten. Gemüsebrühe, Haferflocken, Eigelb und geputzten Spinat zugeben und alles unter Rühren zu einem festen Brei kochen. Käse zerbröseln und zusammen mit saurer Sahne und Pinienkernen unter den Teig rühren. Mit angefeuchteten Händen 4 Puffer formen und in den Semmelbröseln wenden. Öl in einer Pfanne erhitzen und die Bratlinge darin von jeder Seite etwa 5 Min. knusprig braten. Für den Salat die Radieschen putzen und waschen. Kohlrabi schälen und in grobe Stücke schneiden. Radieschen und Kohlrabistücke zusammen mit der Zitronenmelisse in einer Küchenmaschine grob zerkleinern. Mit Apfelessig, Öl, Sahne und Salz mischen. Salat zusammen mit den Spinatpuffern servieren.

Zucchinispaghetti mit Tomaten-Hackbällchen

E

Für 2 Portionen ► gelingt leicht
45 Min.

Für die Tomatensauce: **1 kleine Zwiebel › 1–2 Knoblauchzehen › 1 EL Olivenöl › 1 TL Honig › 5 EL Rotwein › 300 g passierte Tomaten › 2 EL Tomatenmark › je 1 EL Rosmarin und Oregano › 1 EL Paprikapulver › 1 EL Garam Masala (indisches Gewürz) › 1 Msp. Chilipulver › 1–2 TL Gemüsebrühe (Instant)**
Für die Hackbällchen: **3 Zweige Petersilie › 250 g Rinderhackfleisch › 1–2 TL Senf › 1 EL Olivenöl › Pfeffer › Meersalz**
Für die Zucchinispaghetti: **700 g Zucchini › 2 EL Olivenöl › Meersalz**

► Für die Sauce Zwiebel und Knoblauch schälen und fein hacken. Öl mit Honig in einem Topf erhitzen. Zwiebel- und Knoblauchwürfel darin glasig dünsten, dann mit Rotwein löschen. Passierte Tomaten und Tomatenmark unter Rühren dazugeben. Mit Gewürzen und Gemüsebrühe kräftig würzen. Alles fein pürieren und zugedeckt 10 Min. köcheln lassen. ► Für die Hackbällchen Petersilie fein hacken, mit Hackfleisch vermischen und mit Senf, Pfeffer und Salz würzen. Aus dem Teig 12 Bällchen formen. Öl in einer Pfanne erhitzen und die Fleischbällchen darin rundum braten. ► Zucchini waschen und mit einem Spiralschneider oder Sparschäler in dünne lange Streifen schneiden. Öl in einer Pfanne erhitzen und die Zucchinispaghetti 5 Min. unter Wenden braten. Mit Salz würzen. ► Gemüsespaghetti zusammen mit Tomatensauce und Hackbällchen servieren.

Selleriepüree mit Sauerkraut und Würstchen

E

Für 2 Portionen ► gelingt leicht
30 Min.

500 g Knollensellerie
1 EL Butter
1 EL Gemüsebrühe (Instant)
80 ml Sahne
Pfeffer
Meersalz
½ TL frisch geriebene Muskatnuss
1 EL abgeriebene Orangenschale, naturrein
750 g Sauerkraut
4 Geflügelwürstchen
4 TL Senf

Sellerie schälen und in Würfel schneiden. Butter in einem Topf schmelzen lassen und Selleriewürfel darin andünsten. Das Gemüse knapp mit Wasser bedecken, Gemüsebrühe zugeben und zugedeckt etwa 20 Min. weich kochen. Anschließend mit einem Stampfer zerdrücken oder mit einem Mixstab pürieren. Bei Bedarf etwas Kochflüssigkeit entnehmen. Sahne unterrühren und Püree mit Pfeffer, Salz, Orangenschale und Muskatnuss abschmecken. In der Zwischenzeit das Sauerkraut locker in einen Topf geben und die Würstchen zwischen das Kraut legen. Bei geringer Hitze und geschlossenem Deckel Kraut mit Würstchen erhitzen. Zusammen mit Püree und Senf servieren.

TIPP Die zweite Portion eignet sich auch zum Mitnehmen an den Arbeitsplatz am Folgetag. Schneiden Sie die Würstchen in Scheiben, mischen Sie dann Kraut, Püree und Würstchen miteinander, erhitzen Sie alles und geben Sie das verzehrfertige Gericht in eine Thermobox.

Chinakohl-Kartoffelstampf mit Räucherfisch

KH

Für 2 Portionen ► gelingt leicht
35 Min.

400 g Kartoffeln
2 EL Sahne
etwas Muskatnuss
750 g Chinakohl
2 EL Apfelessig
2 TL Senf
125 g Joghurt
3 EL gehackte Kräuter, tiefgekühlt (z. B. 6-Kräuter-Mischung)
2 geräucherte Makrelenfilets à 150 g
Meersalz
Pfeffer

➤ Für den Stampf die Kartoffeln schälen und in Stücke schneiden. Kartoffelstücke in einen Topf geben, mit leicht gesalzenem Wasser bedecken und in etwa 20 Min. gar kochen. ➤ Anschließend etwas Kochwasser abgießen, Sahne zugeben und alles mit einem Stampfer zu Püree drücken. Mit Salz, Pfeffer und Muskat würzen. ➤ In der Zwischenzeit den Chinakohl der Länge nach in 8 Stücke schneiden, waschen, trockenschleudern und den harten Strunk entfernen. 100 g Chinakohl davon wegnehmen, grob hacken und locker unter das Püree heben. ➤ Für die Salatsauce Essig mit Senf, Joghurt, Kräuter und 4 EL Wasser cremig verrühren. Mit Pfeffer und Salz würzen und den Salat damit beträufeln. ➤ Kartoffelstampf zusammen mit Salatachteln und Makrelenfilets servieren.

TIPP Heben Sie sich die zweite Portion für den nächsten Tag zum Mittagessen auf. Allerdings sollten Sie dann nur einen Teil des gehackten Chinakohls unter die Hälfte des Kartoffelstampfs heben, da der Salat über Nacht glitschig wird. Verfahren Sie ebenso mit den Salatachteln, indem Sie die Salatsauce erst kurz vor dem Verzehr über den Salat geben.

Ungarisches Bohnengulasch mit Debrecziner

E

Für 2 Portionen ► braucht etwas mehr Zeit
25 Min. + 25 Min. Kochzeit

3 reife Tomaten
1 Zwiebel
1–2 Knoblauchzehen
350 g grüne Bohnen, frisch oder tiefgekühlt
1 große rote Paprikaschote
½ Chilischote
1 EL Olivenöl
2 TL Paprikapulver, edelsüß
50 ml Rotwein
2 EL Tomatenmark
1–2 TL Gemüsebrühe (Instant)
4 Rinds-Debrecziner

► Tomaten mit kochendem Wasser überbrühen, häuten, grob würfeln, dabei die Stielansätze entfernen. Zwiebel und Knoblauch schälen, halbieren und in Streifen schneiden. ► Frische Bohnen waschen und in etwa 3 cm lange Stücke schneiden, tiefgekühlte auftauen lassen. Paprikaschote waschen, halbieren, entkernen und klein würfeln. Chilischote fein hacken. ► Öl in einem Topf erhitzen, Zwiebel und Knoblauch darin kräftig anbraten. Bohnen, Paprika und Tomaten dazugeben, mit Paprikapulver bestreuen und unter Rühren 5–8 Min. dünsten. ► Fingerhoch Wasser zugießen, Wein und Tomatenmark zugeben, mit Gemüsebrühe würzen und zugedeckt 20 Min. köcheln lassen. ► Die Debrecziner in den Bohnengulasch legen und weitere 5 Min. bei geringer Hitze ziehen lassen.

Fruchtig-pikanter Blumenkohlreis

E

Für 2 Portionen ► gelingt leicht
35 Min.

Für die Sauce: **2 EL Tahina-Sesampaste › 2 EL Sojasauce › 1 EL Zitronensaft › 1 TL Honig**
Für den Blumenkohlreis: **1 Ananas › 2 EL Sesamöl, geröstet › 1 rote Zwiebel › 1 Stange Sellerie › 1 rote Paprika › 1 Stück Ingwer, walnussgroß › 350 g Blumenkohlröschen › 1–2 EL Currypaste › Meersalz › einige Minzeblättchen › 1 TL Chiliflocken**

» Sesampaste mit Sojasauce, Zitronensaft, Honig und 5 EL Wasser verrühren, dann zur Seite stellen. » Ananas-Fruchtfleisch in kleine Stücke schneiden. 1 TL Öl in einer Pfanne erhitzen, Ananasstücke darin kurz anbraten, dann ebenfalls zur Seite stellen. » Zwiebel schälen und grob würfeln. Sellerie putzen und in dünne Scheiben schneiden. Paprika waschen, entkernen und in kleine Würfel schneiden. Ingwer schälen und fein hacken. » Blumenkohlröschen im Mixer hacken oder auf einer Reibe grob raspeln, bis sie so groß wie Reiskörner sind. 1 TL Öl in einer Pfanne erhitzen und Blumenkohlreis darin bei mittlerer Hitze unter Rühren etwa 3–4 Min. bissfest braten. Dann in eine Schüssel umfüllen und zur Seite stellen. » Restliches Sesamöl in die Pfanne geben. Zwiebel, Sellerie, Paprika und Ingwer unter Rühren 3–4 Min. scharf anbraten. Sauce unterrühren und mit Currypaste und Salz würzen. » Blumenkohlreis untermischen, dann alles auf eine Servierplatte geben. Die Ananasstücke nochmals kurz erwärmen, dann rund um den Blumenkohlreis verteilen. Mit Minzeblättchen und Chiliflocken bestreut servieren.

Selleriesticks in Currysauce mit Reis

KH

Für 2 Portionen ► gelingt leicht
35 Min.

120 g Parboiled Reis
Meersalz
500 g Selleriestangen
1–2 TL Gemüsebrühe (Instant)
40 g Butter
30 g Mehl
3 EL Frischkäse
1–2 TL gelbe Currypaste
Chiliflocken
einige Kirschtomaten zum Garnieren

Reis in einen Topf geben, mit leicht gesalzenem Wasser bedecken und bei schwacher Hitze 10 Min. köcheln lassen. Den Herd ausschalten und den Reis weitere 10 Min. quellen lassen. Von den Selleriestangen die Blätter abschneiden und zur Seite legen. Stangen waschen, die harten Fäden abziehen, der Länge nach halbieren, dann quer in 10 cm lange Stifte schneiden. Das Gemüse in einen Topf geben, mit Wasser bedecken, Gemüsebrühe zugeben und zugedeckt in etwa 10 Min. bissfest garen. Anschließend das Gemüse aus der Brühe herausnehmen und warm stellen. Gemüsebrühe aufheben. Butter und Mehl zusammen in einen weiteren Topf geben und schmelzen lassen. Mit dem Schneebesen bei schwacher Hitze miteinander verrühren. 250 ml der Gemüsebrühe langsam zulaufen lassen und unter kräftigem Umrühren aufkochen lassen, bis sich Butter, Mehl und Brühe zu einer Mehlschwitze verbunden haben. Frischkäse und Currypaste unterrühren und die Sauce mit Salz würzen. Den fertigen Reis zusammen mit den Selleriestangen und Currysauce auf Tellern anrichten. Mit Sellerieblättchen, Chiliflocken und Kirschtomaten garniert servieren.

Kunterbunte Frittata

E

Für 2 Portionen ► gelingt leicht
30 Min.

1 Frühlingszwiebel
50 g Rinderschinken
1 rote Paprikaschote
1 EL Olivenöl
3 EL Erbsen, tiefgekühlt
4 große Eier
2 EL Mineralwasser
2 Salatherzen
1 kleines Bund Schnittlauch
1½ EL Öl
1½ EL Himbeeressig
Pfeffer
Meersalz

➤ Frühlingszwiebel schräg in kleine Streifen schneiden. Schinken in kleine Würfel schneiden. Paprikaschote waschen, halbieren, putzen und klein würfeln. ➤ Öl in einer beschichteten Pfanne (22 cm Durchmesser) erhitzen. Zwiebel, Schinken, Erbsen und die Hälfte der Paprikawürfel darin 3–4 Min. kräftig braten. ➤ Eier mit Mineralwasser verquirlen, mit Pfeffer und Salz würzen, über das Gemüse gießen und zugedeckt bei schwacher Hitze 8–10 Min. stocken lassen. Zwischendurch die Pfanne hin und her rütteln, damit nichts anbackt. ➤ Mit Hilfe eines großen flachen Topfdeckels wenden und zugedeckt weitere 2–3 Min. garen. ➤ Salat putzen, waschen, abtropfen lassen und in mundgerechte Stücke zerpflücken. Schnittlauch waschen, trockenschütteln und in feine Röllchen schneiden. ➤ Die restlichen Paprikawürfel zusammen mit dem Salat auf einer Platte anrichten, mit Öl und Essig beträufeln, leicht salzen und pfeffern. Den Salat mit den Schnittlauchröllchen bestreuen und zusammen mit der Frittata servieren.

Blumenkohl-Kartoffel-Kokos-Suppe mit Curry

KH

Für 2 Portionen ► gut vorzubereiten
30 Min.

150 g Kartoffeln
1 Stange Lauch
400 g Blumenkohl
1 EL Öl
2 TL Currypaste
600 ml Gemüsebrühe (Instant)
200 ml ungesüßte Kokosmilch
1 EL Garam Masala (Gewürz)
1 EL Kurkuma
2 EL gehackte Petersilie
2 TL saure Sahne
Meersalz

➡ Kartoffeln waschen, schälen und klein würfeln. Lauch putzen, längs aufschneiden, gründlich waschen und in Scheiben schneiden. Blumenkohl putzen und in kleine Röschen teilen. ➡ Öl in einem Topf erhitzen, Kartoffeln und Lauch dazugeben und unter Rühren kräftig anbraten. Blumenkohlröschen und Currypaste dazugeben, Gemüsebrühe und Kokosmilch zugießen und zugedeckt 18–20 Min. köcheln lassen. ➡ Ein Drittel der Kartoffel-Blumenkohl-Mischung mit einer Schaumkelle aus der Suppe nehmen, die restliche Suppe fein pürieren, dann die Kartoffel- und Blumenkohlstückchen wieder dazugeben. ➡ Die Suppe mit Garam Masala, Kurkuma und Salz abschmecken. Einen Klecks saure Sahne dazugeben und mit der gehackten Petersilie bestreut servieren.

Kartoffel-Käse-Küchlein mit buntem Krautsalat

KH

Für 2 Portionen ► gelingt leicht
45 Min. + 15 Min. Backzeit

400 g Weißkohl › 1 rote Paprikaschote › 2 EL Apfelessig › 125 g Joghurt › 1 TL Senf › 400 g Kartoffeln › 1 kleine Zwiebel › 1 Möhre › 1 kleine Stange Lauch › 1 EL Sesamöl › 1 Eigelb › 1 EL Dinkel-Vollkornmehl › 1–2 TL Gemüsebrühe (Instant) › 4 EL geriebener Käse, z. B. Greyerzer oder Pecorino › Meersalz › Pfeffer

Kohl putzen und in feine Streifen hobeln. Mit Salz bestreuen und mit den Händen verkneten, bis der Kohl geschmeidig ist. Paprika putzen, in feine Streifen schneiden und mit dem Kohl mischen. Den Salat mit Essig, Joghurt, Senf, Pfeffer und Salz anmachen und durchziehen lassen. Kartoffeln waschen, schälen, in kleine Stücke schneiden, in einen Topf geben, knapp mit Wasser bedecken und 20 Min. garen. Zwiebel, Möhre und Lauch in kleine Stücke schneiden. Öl in einer Pfanne erhitzen und das Gemüse darin unter Rühren dünsten. Backofen auf 180 °C vorheizen. Kartoffeln im eigenen Kochwasser stampfen, eventuell etwas Wasser abgießen. Gemüse, Eigelb und Mehl untermischen und mit Pfeffer und Gemüsebrühe würzen. Einen Dessertring (7 cm Durchmesser) auf ein mit Backpapier ausgelegtes Backblech stellen, etwas Kartoffelteig hineingeben und mit dem passenden Stampfer den Teig durch den Ring auf das Blech drücken. Mit dem restlichen Teig ebenso verfahren. Kartoffelküchlein mit Käse bestreuen und 15 Min. im Ofen backen. Zusammen mit dem Krautsalat servieren.

Exotischer Kokos-Pastinaken-Möhren-Reis

KH

Für 2 Portionen ► geht schnell
25 Min.

2 EL Cashewkerne
120 g Naturreis (Kochbeutel, 10 Min.)
1 Stück Ingwer, walnussgroß
2 Pastinaken
400 g Möhren
1 EL Öl
2 TL Honig
200 ml ungesüßte Kokosmilch
1 EL Garam Masala (Gewürz)
1 EL Kurkuma
1 Bund Sauerampfer
Meersalz
Cayennepfeffer

► Cashewkerne grob hacken und in einer beschichteten Pfanne ohne Fett hellbraun rösten. ► Reisbeutel in einen Topf geben, mit leicht gesalzenem Wasser gut bedecken, einmal aufkochen lassen und zugedeckt bei schwacher Hitze 10 Min. garen lassen. ► Ingwer schälen und fein hacken. Pastinaken und Möhren waschen, putzen und in kleine Würfel schneiden. ► Öl in einem Topf erhitzen. Ingwer, Pastinaken, Möhren und Honig darin unter Rühren 3–4 Min. anbraten. Kokosmilch zugießen, mit Garam Masala, Kurkuma, Salz und Cayennepfeffer fein würzen. Alles kurz aufkochen lassen und offen bei schwacher Hitze 5 Min. köcheln lassen. Sauerampfer in Streifen schneiden. ► Reis und Sauerampfer unter das Kokosgemüse mischen und mit Cashewkernen bestreut servieren.

TIPP Heben Sie sich die zweite Portion für den nächsten Tag auf. Verpacken Sie das Gemüse getrennt vom Sauerampfer in einen gut verschließbaren Behälter und nehmen Sie diesen mit zum Arbeitsplatz.

Wok-Gemüse mit Tofu

N

Für 2 Portionen ► braucht etwas mehr Zeit
30 Min. + 1 Std. Zeit zum Marinieren

200 g Tofu
½ Chilischote
2 Knoblauchzehen
4 EL Sojasauce
1 TL Honig
150 g Möhren
200 g Brokkoli
1 gelbe Paprikaschote
150 g grüner Spargel
4 Champignons
2 Frühlingszwiebeln
2 EL Sesamöl
100 ml Kokosmilch
Pfeffer, Meersalz

Tofu in Würfel schneiden. Chilischote putzen und fein hacken. Knoblauch schälen und durch eine Presse drücken. Sojasoße mit Chili, Knoblauch und Honig verrühren. Tofu dazugeben und etwa 1 Std. marinieren. Möhren waschen und schräg in dünne Scheiben schneiden. Brokkoli putzen und in kleine Röschen teilen. Paprikaschote waschen, Kerne entfernen und das Gemüse in kleine Stücke schneiden. Spargel am unteren Ende abschneiden, Stangen in 4 cm lange Stücke brechen. Champignons putzen und feinblättrig aufschneiden. Frühlingszwiebeln putzen, das Weiße in Würfel, das Grün in dünne schräge Röllchen schneiden. Wok erhitzen, Öl zugießen und Möhren, Brokkoli, Paprika, Spargel, Pilze und Frühlingszwiebeln darin unter Wenden bissfest garen. Kokosmilch und Tofu mit der Marinade unter das Gemüse rühren und eine weitere Minute köcheln lassen. Mit Pfeffer und Salz abschmecken. Heiß servieren.

Sizilianische Würzkartoffeln mit Ziegenkäse

KH

Für 2 Portionen ► braucht etwas mehr Zeit
30 Min. + 25 Min. Kochzeit

400 g kleine Kartoffeln, festkochend
1 Zwiebel
2 EL Olivenöl
1 TL Arrabiata-Gewürz
1 TL Paprikapulver, edelsüß
180 g Ziegen- oder Schafskäse
3 große Bund Radieschen
2 Salatherzen
2 Zweige Minze
1½ EL Apfelessig
125 g Vollmilchjoghurt
Meersalz

Kartoffeln waschen und als Pellkartoffeln 25 Min. garen. Anschließend pellen und in Würfel schneiden. Zwiebel schälen und klein würfeln. Öl in einer beschichteten Pfanne erhitzen und Zwiebelwürfel darin glasig dünsten. Kartoffelwürfel zugeben, mit Arrabiata-Gewürz und Paprikapulver würzen und unter gelegentlichem Wenden knusprig braten. Kurz vor Ende der Garzeit den Käse darüber zerbröseln und leicht schmelzen lassen. In der Zwischenzeit Radieschen putzen, waschen und in einer Küchenmaschine bzw. Rohkostreibe grob raspeln. Salatherzen waschen und der Länge nach vierteln. Minze fein hacken. Aus Essig, Joghurt, Minze und Salz eine Sauce rühren und über die Radieschen und Salatherzen träufeln. Zusammen mit den Würzkartoffeln servieren.

TIPP Noch knuspriger werden die Bratkartoffeln, wenn Sie Pellkartoffeln vom Vortag verwenden.

Hacksteak mit Rosenkohlcurry

E

Für 2 Portionen ► gelingt leicht
15 Min. + 20 Min. Kochzeit

Für das Rosenkohlcurry: **600 g Rosenkohl, frisch oder tiefgekühlt › 1 Zwiebel › 1 großer saftiger Apfel › 1 EL Butter › 125 ml Gemüsebrühe › 2 EL Rosinen › 1–2 TL Curry › Meersalz › 2 EL saure Sahne**
Für die Hacksteaks: **1 Möhre › 1 Zwiebel › 350 g Rinderhackfleisch › 2 EL gehackte Petersilie › 2 EL Olivenöl › Pfeffer › Meersalz**

Frischen Rosenkohl putzen, tiefgefrorenen auftauen lassen. Größere Röschen halbieren. Zwiebel schälen und fein würfeln. Apfel schälen, vierteln und das Kerngehäuse herausschneiden. Apfelviertel in dünne Spalten schneiden. Butter in einem Topf schmelzen lassen. Zwiebelwürfel und Rosenkohl darin unter Rühren anbraten. Mit Gemüsebrühe ablöschen und zugedeckt etwa 10 Min. köcheln lassen. Apfelspalten und Rosinen dazugeben, alles mit Curry und Salz würzen und weitere 10 Min. garen. Zum Schluss saure Sahne unterrühren. In der Zwischenzeit die Hacksteaks zubereiten. Möhre waschen, schälen und fein raspeln. Zwiebel schälen und fein würfeln. Hackfleisch mit Möhrenraspeln, Zwiebelwürfeln, Petersilie, Pfeffer und Salz vermischen und zu vier flachen Frikadellen formen. Öl in einer beschichteten Pfanne erhitzen und die Hacksteaks von beiden Seiten je 4–5 Min. braten. Zusammen mit dem Rosenkohl servieren.

TIPP Da diese Mahlzeit warm und kalt gut schmeckt, eignet sie sich gut zum Mitnehmen an den Arbeitsplatz. Essen Sie eine Portion direkt, die zweite dann am nächsten Tag.

Rezeptregister

Liebe Leserin, lieber Leser,

hat Ihnen dieses Buch weitergeholfen? Für Anregungen, Kritik, aber auch für Lob sind wir offen. So können wir in Zukunft noch besser auf Ihre Wünsche eingehen. Schreiben Sie uns, denn Ihre Meinung zählt!
Ihr TRIAS Verlag

E-Mail-Leserservice
kundenservice@trias-verlag.de
Lektorat TRIAS Verlag
Postfach 30 05 04
70445 Stuttgart
Fax: 0711 89 31-748

Bibliografische Information der Deutschen Nationalbibliothek
Die Deutsche Nationalbibliothek verzeichnet diese Publikation in der Deutschen Nationalbibliografie; detaillierte bibliografische Daten sind im Internet über http://dnb.d-nb.de abrufbar.

Programmplanung: Uta Spieldiener
Redaktion: Isabel Lück, Bayreuth
Bildredaktion: Christoph Frick

Layout und Umschlaggestaltung: CYCLUS Visuelle Kommunikation, Stuttgart

Bildnachweis:
Umschlagfoto: Stockfood
Fotos im Innenteil: Meike Bergmann, Berlin
Jose Guillen, Dénia/Spanien: S. 2 (außer rechts unten); gettyimages: S. 6; Gunda Dittrich: S. 15, 18.
Foodstyling: Caroline Franke, Berlin

1. Auflage 2017

Printed in Germany

Satz und Repro: Fotosatz Buck, Kumhausen
gesetzt in: Adobe InDesign, CS6
Druck: AZ Druck und Datentechnik GmbH, Kempten

Gedruckt auf chlorfrei gebleichtem Papier

ISBN 978-3-432-10128-6 1 2 3 4 5 6

Auch erhältlich als E-Book:
eISBN (PDF) 978-3-432-10127-9
eISBN (ePub) 978-3-432-10126-2

Wichtiger Hinweis: Wie jede Wissenschaft ist die Medizin ständigen Entwicklungen unterworfen. Forschung und klinische Erfahrung erweitern unsere Erkenntnisse. Ganz besonders gilt das für die Behandlung und die medikamentöse Therapie. Bei allen in diesem Werk erwähnten Dosierungen oder Applikationen, bei Rezepten und Übungsanleitungen, bei Empfehlungen und Tipps dürfen Sie darauf vertrauen: Autoren, Herausgeber und Verlag haben große Sorgfalt darauf verwandt, dass diese Angaben dem Wissensstand bei Fertigstellung des Werkes entsprechen. Rezepte werden gekocht und ausprobiert. Übungen und Übungsreihen haben sich in der Praxis erfolgreich bewährt.

Eine Garantie kann jedoch nicht übernommen werden. Eine Haftung des Autors, des Verlags oder seiner Beauftragten für Personen-, Sach- oder Vermögensschäden ist ausgeschlossen.